LE CIGARE

GUIDE DE L'AMATEUR

LE CIGARE

GUIDE DE L'AMATEUR

par Anwer Bati

NOUVELLE ÉDITION

Adaptation française : Éric Rambeau, Anne Blot
Coordination de l'édition française : Philippe Brunet
Correction : Lucy Martinet

Maquette : Ian Hunt
Photographies : Ian Howes et Paul Forrester

© 1998 Éditions Soline, Courbevoie, France, pour l'édition française
© 1997 Quintet Publishing Limited, Londres

Tous droits réservés pour tous pays. Le Code de la propriété intellectuelle n'autorisant, aux termes de l'article L. 122-5, 2° et 3° a, d'une part, que les « copies ou reproductions strictement réservées à l'usage privé du copiste et non destinées à une utilisation collective » et, d'autre part, que les analyses et les courtes citations dans un but d'exemple et d'illustration, « toute représentation ou reproduction, intégrale ou partielle, faite sans le consentement de l'auteur ou de ses ayants droit ou ayants cause, est illicite » (article L. 122-4). Cette représentation ou reproduction, par quelque procédé que ce soit, constituerait donc une contrefaçon sanctionnée par les articles L. 335-2 et suivants du Code de la propriété intellectuelle.

ISBN : 2-87677-324-4
Dépôt légal : 3e trimestre 1998

Composition et mise en pages : PHB, Paris
Imprimé en Chine

Sommaire

Avant-Propos
— 6 —

Introduction
— 7 —

Histoire des Cigares
— 8 —

Répertoire des Cigares
— 54 —

Achat et Conservation des Cigares
— 213 —

Où Acheter ses Cigares ?
— 222 —

Index
— 223 —

Remerciements

La nouvelle rédaction de cet ouvrage n'aurait pas été possible sans l'aide et le soutien de diverses personnes travaillant dans le monde des cigares, aussi aimerais-je remercier ici pour leur aide les personnes suivantes :

Philip Thompson, C.A.O. International ; Felipe Gregorio, Cigares du Honduras ; Jean Clément ; Janelle Rosenfeld, Consolidated Cigar Corporation ; Christine Brandt et Raymond Scheurer, Davidoff ; Oscar Rodriguez, Dominican Cigar Imports ; Carlos Fuente Jr ; Paul Garmirian ; Eddie Panners, Gold Leaf Tobacco Co. ; Alan Edwards, Hollco Rohr ; Liz Facchiano, J.R. Cigars ; Stanley Kolker ; Brian G. Dewey, Lane Limited ; Robert Newman, M & N Cigar Mfrs, Inc. ; Oscar Boruchin, Mike's Cigars ; Bill Sherman, Nat Sherman Incorporated ; Jorge L. Padron, Padron Cigars ; Chris Boon, Rothman's International ; Patrick Clayeux, Seita ; Mark Segal, Segal Worlwide ; Dorette Meyer, Suerdieck ; Ralph Montero, Tropical Tobacco ; Sherwin Seltzer, Villazon & Co., Inc.

Avant-propos de l'éditeur

*D*EPUIS la première édition de ce livre, en 1993, la culture du cigare a connu un essor sans précédent, comme en témoignent les nombreuses couvertures de magazine où l'on peut voir telle ou telle star fièrement fumer un cigare.

Cet essor s'est évidemment traduit par une importante augmentation de la demande : en travaillant à cette nouvelle édition il m'est souvent arrivé d'entendre des fabricants admettre des retards de livraison pouvant atteindre six mois. Plusieurs entreprises ont su tirer parti de cet état de fait, et l'on a vu de nouvelles marques apparaître aussi vite que les anciennes voyaient croître leurs ventes et modifiaient leurs gammes (rares sont celles qui n'ont pas lancé de nouveaux modules ou revu leur design). La mode semble être au rétro, et l'on voit ainsi le *figuardo* retrouver les faveurs du public pour la première fois depuis le siècle dernier.

Débordés de travail, les fabricants n'en ont pas moins accepté de collaborer à cet ouvrage avec enthousiasme, certains le considérant comme une bonne vitrine publicitaire, d'autres l'utilisant comme une source d'informations digne de foi. Quoi qu'il en soit, cet ouvrage a joué un rôle central dans le monde du cigare et il semble évident qu'il continuera d'en être ainsi dans les années à venir.

MARS 1997

Introduction

LE CIGARE jouit depuis toujours d'une aura que la cigarette, pourtant plus populaire, ne connaîtra jamais. Certaines marques évoquent des images précises (le cow-boy de Marlboro, par exemple) mais ce n'est là qu'un phénomène publicitaire. Les cigares, en revanche, doivent leur réputation non seulement aux fumeurs célèbres (pensez seulement à Winston Churchill, à Édouard VII ou à nombre de metteurs en scène et producteurs hollywoodiens, tel Darryl Zanuck), mais aussi aux circonstances dans lesquelles on les fume. Si ceci est vrai de tous les cigares, ce l'est d'autant plus des cigares roulés à la main qui constituent l'objet de cet ouvrage.

À tort ou à raison, les cigares ont toujours été associés à une image de pouvoir et d'autorité. Les cigares roulés à la main sont plus chers et plus difficiles à trouver que les autres formes de préparation du tabac, si bien qu'ils évoquent aussi le luxe et l'argent. Ils ouvrent aux amateurs de cigares les portes de la détente, de la réflexion et de la concentration (contrairement aux cigarettes, que l'on fume souvent en des périodes de tension). Les fumeurs de cigares occasionnels, eux, les apprécient à la fin d'un bon repas, ou pour marquer un événement tel que mariage ou naissance.

Il faut du temps pour fumer un cigare qui a été choisi avec soin et conservé avec précaution ; cet ouvrage vise à vous apporter les connaissances nécessaires à ces opérations.

Tout comme un grand vin, on peut apprécier un bon cigare pour son goût, sa forme ou son arôme. La lecture de ce livre devrait vous éclairer quant aux raisons qui font qu'un cigare est meilleur (et qu'il peut aussi être plus onéreux) qu'un autre.

Que vous fumiez des cigares de manière régulière ou occasionnelle, l'objectif de cet ouvrage est de vous apporter le maximum d'informations et, ce faisant, vous aider à mieux comprendre ce sujet. Mais il s'agit avant tout de vous amener à prendre encore plus de plaisir à savourer un bon cigare.

ANWER BATI
MARS 1993

1

HISTOIRE

DES

CIGARES

Le Monde des Cigares

*S*I NUL NE SAIT exactement à quand remonte la culture du tabac, on peut affirmer que les Amérindiens furent sans doute les premiers à le cultiver et à le fumer, probablement dans la péninsule du Yucatán, au Mexique. Les Mayas le consommaient en Amérique centrale. Après la chute de leur empire, les tribus emportèrent le tabac dans leur migration vers le sud et le nord, où il est probable que les Indiens du Mississippi furent les premiers à l'utiliser, à des fins rituelles. Il fallut attendre Christophe Colomb pour que le reste du monde fasse sa connaissance.

Le tabac ne fit pas grande impression sur Colomb lui-même, mais les marins européens, bientôt imités par les conquistadores et les colons, ne tardèrent pas à y prendre goût. Les conquistadores finirent par l'introduire en Espagne et au Portugal. C'est Jean Nicot, ambassadeur de France au Portugal, qui l'introduisit en

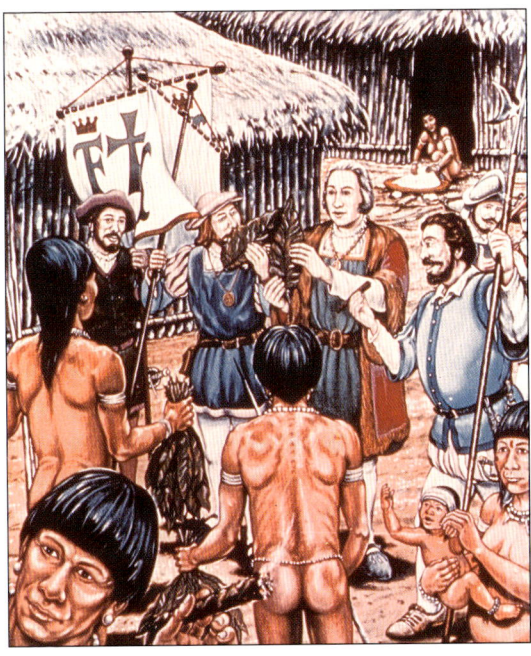

Les Indiens d'Amérique furent sûrement les premiers fumeurs de cigares.

CI-CONTRE : **Christophe Colomb. Ses marins furent les premiers Européens à fumer le tabac.**

France et finit par donner son nom à la nicotine et au tabac (*Nicotiana tabacum* en latin). C'est probablement sir Walter Raleigh qui est responsable de son introduction en Grande-Bretagne.

D'aucuns affirment que le mot « tabac » vient d'une déformation du nom de l'île de Tobago, mais une autre théorie veut que le nom vienne de la province mexicaine de Tabasco. Les Indiens Tainos de Cuba et ceux d'Haïti désignaient cette plante du nom de *cohiba* ou *cojoba*. Le mot « cigare », lui, vient du verbe maya *sikar*, signifiant « fumer ».

Les premières plantations de tabac furent établies en Virginie en 1612 et dans le Maryland en 1631 mais, dans les colonies américaines, on ne fumait que la pipe. On pense que les cigares n'apparurent pas avant 1762, date à laquelle Israël Putnam revint de Cuba, où il avait servi dans l'armée britannique. De retour chez lui, dans le Connecticut (où les colons cultivaient le tabac depuis le XVIIe siècle), il apporta des cigares de La Havane et d'importantes quantités de tabac cubain. On vit bientôt les premières manufactures de cigares naître dans la région d'Hartford, en même temps qu'on tentait de faire pousser du tabac à partir de graines cubaines. Le Connecticut fournit aujourd'hui encore les meilleures feuilles de cape après Cuba. Le début du XIXe siècle vit augmenter les importations de cigares cubains, en même temps que la production intérieure prenait son essor.

La mode des cigares gagna le reste de l'Europe depuis l'Espagne, où la fabrication commença à Séville en 1717. Dès 1790, la fabrication de cigares s'étendit au nord des Pyrénées avec l'implantation de petites manufactures en France et en Allemagne, mais c'est après la guerre d'indépendance espagnole (1808-1814) que les soldats français et britanniques, de retour chez eux, donnèrent son véritable essor au cigare, auquel ils avaient goûté pendant les campagnes. Le tabac à priser avait déjà supplanté la pipe, et les cigares devinrent alors le conditionnement le plus en vogue pour le tabac. La production de *segars* (orthographe de l'époque) commença en Grande-Bretagne en 1820. L'année suivante, le Parlement vota une loi en réglementant la production. À cette époque déjà, en Grande-Bretagne, les taxes à l'importation faisaient des cigares des objets de luxe.

La clientèle ne tarda pas à exiger des cigares de meilleure qualité : les cigares espagnols (les *Sevillas*) furent bientôt supplantés par ceux importés de Cuba, qui était alors une colonie espagnole.

Le roi Ferdinand VII d'Espagne fit beaucoup pour la production de havanes.

Un décret de Ferdinand VII datant de 1821, qui encourageait la production de cigares cubains (alors monopole d'État), contribua à ce développement. Le cigare était tellement répandu que l'on vit apparaître des compartiments fumeurs dans les trains et des fumoirs dans les hôtels. L'apparition de la *smoking jacket*, (demeurée le « smoking » en français) est due à la nécessité de protéger les habits de la fumée lors des soirées mondaines. À la fin du XIXe siècle, il était de bon ton que les femmes se retirent à la fin d'un repas pendant que les hommes buvaient un cognac accompagné d'un cigare, coutume renforcée par le goût du prince de Galles, le futur Édouard VIII, pour les cigares.

Aux États-Unis, les cigares n'ont pris leur véritable essor qu'à partir de la guerre de Sécession. Les plus onéreux des cigares de production américaine, faits de tabac cubain, s'appelaient alors des havanes, exactement comme ceux faits à Cuba. Le mot « havane » est aujourd'hui devenu une appellation générique. C'est au nom de la manufacture de Conestoga, en Pennsylvanie, qui produisait certains des cigares les plus réputés, qu'on doit le surnom de « stogie » donné à certains longs cigares. À la fin du XIXe siècle, fumer le

Histoire des Cigares

Manufacture de cigares en Angleterre au siècle dernier.

cigare conférait un certain statut social, aussi les appellations prirent-elles alors une importance accrue (un sénateur comme Henry Clay put ainsi donner son nom à une marque). Un abaissement des taxes permit ensuite aux cigares de toucher d'autres couches sociales, ce qui relança la production domestique. En 1919, Thomas Marshall, vice-président de Woodrow Wilson, déclara au Sénat : « Ce dont ce pays a vraiment besoin, c'est un bon cigare vendu 5 *cents*. » Il fallut attendre encore quarante ans pour que la mécanisation fasse de ce désir une réalité. Aux États-Unis, les ventes de cigares n'ont toutefois cessé de chuter au cours de ces vingt dernières années : on est passé de 9 milliards de pièces en 1970 à 2 milliards aujourd'hui.

La mécanisation de la production ne commença pas avant les années vingt (à Cuba, les premières tentatives, chez Por Larranaga, rencontrèrent une vive résistance de la part des ouvriers), mais rendait compte de 98 % de la production américaine à la fin des années cinquante, contre 10 % seulement en 1924.

Les choses se sont passées très différemment à Cuba, où le cigare est un emblème national. Les paysans cubains se transformèrent en *vegueros* (planteurs de tabac) dès le XVIe siècle. Dans un contexte d'accroissement des exportations, ils menèrent une lutte

Les femmes fument le cigare à la sortie d'une manufacture de Manille.

incessante contre les gros planteurs. Certains prirent des baux ou devinrent métayers, tandis que d'autres partaient défricher des régions tels que Pinar del Rio et Oriente.

Au milieu du XIXe siècle, le commerce du tabac était devenu libre, et l'on comptait 9 500 plantations à Cuba. Les manufactures se multiplièrent à La Havane et dans d'autres villes du pays (on en compta jusqu'à 1 300, mais au début du XXe siècle, ce nombre était retombé à 120). La production était devenue une véritable industrie. L'exportation se fit surtout vers les États-Unis, jusqu'à l'établissement en 1857 de barrières douanières élevées. C'est à cette même époque que l'on vit modules et marques se différencier, en même temps qu'apparaissaient la boîte et la bague à cigares.

Les ouvriers cigariers formaient alors une sorte d'avant-garde de la classe ouvrière cubaine. On vit se développer une pratique unique, qui perdure encore : la lecture aux ouvriers, par d'autres ouvriers, de textes littéraires et politiques d'auteurs tels que Zola, Dumas et Hugo. Ces lectures étaient destinées à leur éducation autant qu'à atténuer l'ennui de leur travail. Au siècle dernier, nombre d'ouvriers cubains émigrèrent vers les États-Unis, où ils créèrent de nouvelles manufactures (à Tampa ou Key West, notamment). Au début de notre siècle, de nombreux planteurs

Cuba fabrique encore les extraordinaires cigares que Fidel Castro offre à ses hôtes de marque et aux diplomates.

émigrèrent vers la République Dominicaine, le Mexique, le Venezuela ou le Honduras.

Ces expatriés contribuèrent au financement de la rébellion contre l'Espagne, menée en 1895 par José Marti, le héros national cubain. Les ouvriers cigariers cubains, fortement politisés, jouèrent par la suite un rôle important dans la vie de leur pays. C'est dans un cigare expédié de Key West que Marti dissimula l'ordre de lancer l'insurrection. Ces ouvriers demeurèrent au cœur de l'activisme politique après le renversement du général Batista par Fidel Castro, en 1959. Après la nationalisation des avoirs cubains et étrangers, les États-Unis frappèrent Cuba d'un embargo. L'importation commerciale de cigares devint impossible, ce qui porta un coup terrible à l'économie cubaine. Le Tobacco Trust importait en effet, au début du siècle, 291 marques différentes de cigares, pour un total de 250 millions de cigares cubains par an. L'industrie cigarière (appartenant en grande partie à des entreprises américaines) fut nationalisée et placée sous le contrôle d'un organisme d'État : Cubatabaco.

De nombreux propriétaires ainsi expropriés, tels les Palicio, Cifuentes et Menendez, fuirent alors à l'étranger, bien décidés à y reprendre leur production sous leur ancien nom. C'est ainsi que les Romeo Y Julieta, les H. Upmann et les Partagas sont maintenant produits en République Dominicaine, les Gloria Cubana à Miami, les Punch et Hoyo de Monterrey au Honduras et les Sancho Panza au Mexique. Les Montecristo virent leur nom transformé en Montecruz ; expatriée à l'origine vers les Canaries, la production se fait aujourd'hui en République Dominicaine. Quelle que soit la qualité de leur fabrication, ces marques d'origine cubaine ne peuvent se comparer aux havanes d'appellation identique. On vit aussi apparaître des marques nouvelles, telles Don Miguel, Don Diego et Montesino. Deux décennies d'investissements nationaux et américains ont entraîné un rapide développement de l'industrie cigarière dominicaine qui, plus que toute autre, a tiré profit de l'envolée de la demande américaine pour des cigares de qualité, phénomène qui doit beaucoup au lancement du magazine *Cigar Aficionado* en septembre 1992.

Au début de la décennie, les ventes de cigares dominicains aux États-Unis croissaient d'environ 5 % par an. En 1993, elles firent un bond de 18 %, pour atteindre 55 millions de cigares roulés à la main – soit la moitié des importations américaines. La tendance se poursuivit en 1994, avec une augmentation globale de 20 %, atteignant même 40 % pour certains fabricants. Le principal problème concernant les cigares dominicains réside dans la difficulté à s'assurer un approvisionnement suffisant en tabac de qualité.

Le début des années 90 fut moins tendre pour Cuba – ce pays perdit la moitié de son produit national brut dans les deux années qui suivirent la chute de l'Union soviétique. L'industrie du cigare fut moins touchée que les autres parce que le tabac, sa matière première, pousse sur place. Les pénuries d'engrais, de matériaux d'emballage et même de ficelle (tous produits jadis importés du bloc de l'Est) se firent toutefois durement sentir.

La météo eut aussi son mot à dire. En 1991 et 1992, des pluies vinrent endommager les récoltes de la Vuelta Abajo. La tempête de mars 1993, celle-là même qui recouvrit New York d'un mètre de neige, causa des ravages dans le Partido, une région productrice de feuilles de cape. La production de havanes, qui avait atteint 80 millions d'unités en 1990, retomba à 50 millions en 1994.

Les difficultés d'approvisionnement que connurent alors les amateurs de havanes du monde entier ne sont rien à côté de celles qu'eurent à subir les Cubains : la réduction par deux de la pro-

Histoire des Cigares

Le cliché du fumeur de cigares : du bon vin, du bon tabac.

duction nationale (qui avait atteint 280 millions d'unités en 1990) entraîna en effet un sévère rationnement dans leur pays même. De tels revers de fortune ne sont pas nouveaux pour la population cubaine, habituée à résister. Les exportations de cigares avaient déjà chuté à 30 millions dans le sillage de la révolution.

Havanos SA, l'entreprise qui a récemment repris l'essentiel de l'activité commerciale de Cubatabaco (entreprise nationalisée), a depuis lors passé des accords commerciaux avec ses partenaires internationaux pour assurer son approvisionnement.

Il serait faux de croire que la culture de tabac à cigares et leur fabrication se limitent à Cuba et à la République Dominicaine. La Jamaïque produit des cigares depuis plus d'un siècle et cette activité remonte encore bien plus loin pour des pays tels que Mexique, Honduras et Nicaragua. L'Équateur produit aujourd'hui des capes de qualité, bizarrement commercialisées sous l'appellation « Equateur/Connecticut », et les tabacs brésiliens apportent une saveur particulière aux cigares dans la composition desquels ils entrent. Plus loin des Amériques, Java et Sumatra entretiennent depuis longtemps des liens commerciaux avec les fabricants hollandais, allemands et suisses. Il en va de même pour les Philippines avec l'Espagne. Quant à l'Afrique, sa contribution provient surtout du Cameroun, qui produit des capes sombres dont la richesse est très recherchée.

HISTOIRE DES CIGARES

LA RÉPUBLIQUE DOMINICAINE

*S*ITUÉE au sud-est de Cuba, la République Dominicaine jouit d'un climat semblablement propice à la culture du tabac, en particulier dans la vallée de la Cibao. Elle s'est imposée au cours des quinze dernières années comme l'un des grands exportateurs de cigares de qualité, les États-Unis achetant plus de soixante millions de cigares dominicains par an, soit la moitié du marché américain. De grands fabricants ont choisi d'y installer des unités de production. C'est le cas de General Cigar (pour Partagas) et de Consolidated Cigar Corporation (pour Don Diego et Primo del Rey). Consolidated Cigar a délocalisé de la République Dominicaine vers les Canaries. La quasi-totalité du tabac dominicain sert uniquement pour la tripe car presque toutes les capes et sous-capes sont importées de pays tels que États-Unis (Connecticut), Cameroun (notamment par Partagas), Brésil, Honduras, Mexique et Équateur. Certaines feuilles de tripe sont également importées. La famille Fuente a montré l'exemple en s'efforçant de lancer un mouvement de diversification des tabacs cultivés et l'on commence à voir des capes dominicaines... notamment sur les cigares des Fuente.

LA VALLÉE DU CONNECTICUT

*L*ES ARGILES sablonneuses de la vallée du Connecticut (où l'on crée les meilleures conditions de pousse possible en élevant les plantes sous des tentes de trois mètres de haut) et l'emploi de graines d'origine cubaine s'associent pour produire certaines des meilleures capes du monde, appelées Connecticut Shade. Leur production est fort onéreuse – elles peuvent atteindre un prix de quarante dollars la livre, se répercutant par une augmentation de trois à six francs du prix de chaque cigare. Le cycle de croissance commence en mars et la cueillette s'effectue en août. Le séchage, bien que suivant les mêmes lignes qu'à Cuba, est accompagné d'un léger chauffage au gaz. Les capes Connecticut sont notamment utilisées pour la production des Macanudo ou des Davidoff.

Pinar del Rio *et*

Même si les planteurs du Connecticut, de la République Dominicaine et du Honduras le contestent, on admet généralement que le meilleur tabac à cigare vient de Cuba, et en particulier de la région de Vuelta Abajo, dans la province de Pinar del Rio.

Coincée entre montagnes et océan, Pinar del Rio est la région la plus à l'ouest de Cuba et la troisième province du pays par la taille. Vallonnée et verdoyante, cette région ressemble un peu à l'Asie du Sud-Est ou à certains endroits de la Louisiane et de la Floride. La vie y est rude pour ses 600 000 habitants, qui ne bénéficient pas du confort relatif des alentours de La Havane.

Les conditions y sont idéales pour la culture du tabac, qui y est de loin l'activité dominante. Les plantations sont de petites propriétés, souvent privées, qui vendent leur récolte au gouvernement à un prix fixe. La surface cultivée avoisine les cinquante mille hectares. Avant la révolution, de gros fabricants de cigares possédaient de grandes propriétés, mais aujourd'hui, même si un veguero *peut posséder jusqu'à soixante-quinze*

hectares, la plupart exploitent entre deux et cinq hectares seulement. En dehors de la saison du tabac, les mêmes terres voient pousser du maïs. Vuelta Abajo occupe la majorité des 415 kilomètres carrés de Pinar del Rio, et la plupart des plantations occupent quelque 65 kilomètres carrés groupés autour des villes de San Juan y Martinez et San Luis, d'où proviennent

Vuelta Abajo, Cuba

les meilleures capes. Les vegas *d'El Corojo (environ 75 hectares) et Hoyo de Monterrey, qui sont les plus connues, occupent environ trois cents hectares d'une contrée entièrement consacrée à la culture de feuilles de capes destinées aux meilleurs cigares du pays.*

Pinar del Rio est l'une des provinces les mieux arrosées du pays (plus de 1 650 millimètres par an), mais seuls une vingtaine de centimètres de ces précipitations (étalés sur une période de quatre semaines) bénéficieront réellement au tabac en tombant pendant la principale période de pousse, entre novembre et février. Les pluies tombent au milieu de la saison sèche, appelée La Seca, *à une période où le sol est déjà bien détrempé par les orages qui s'abattent de mai à octobre. Les températures moyennes sont alors de 26 °C et l'ensoleillement est de huit heures par jour, pour un taux d'humidité de 64 %. La région de la Semivuelta, deuxième productrice de la province de Pinar del Rio, produit des feuilles plus épaisses et à l'arôme plus puissant que celles de Vuelta Abajo au nord. Jadis exporté vers les États-Unis, ce tabac est aujourd'hui exclusivement employé pour la production nationale.*

La région de Partido, dans la province de La Havane, produit aussi des feuilles de très haute qualité, destinées à d'excellents cigares d'exportation. Le tabac récolté dans les régions d'Oriente et Remedios (Vuelta Arriba) ne sert pas pour les cigares de premier choix.

☐ **Cultures de tabac**

La Fabrication du Cigare

LA CULTURE DU TABAC À CIGARE

La description qui suit s'applique avant tout aux havanes, mais les autres productions emploient globalement les mêmes procédés.

Le cigare est un produit naturel souvent comparé au vin (même si la comparaison est parfois exagérée). Sa qualité dépend directement de celle des feuilles utilisées pour sa fabrication, tout comme celle du vin dépend du cépage utilisé.

Les semis doivent être effectués sur terrain plat, afin que le ruissellement n'emporte pas les graines, recouvertes de paille ou de tissu pour les protéger du soleil (cette protection est retirée progressivement au cours de la germination). Au bout d'un mois environ (pendant lequel elles sont traitées avec des pesticides), dans la deuxième moitié d'octobre le plus souvent, les pousses sont repiquées dans les champs de tabac. Elles bénéficient de l'arrosage des pluies et de la rosée, mais aussi d'une irrigation artificielle au sol.

On distingue trois parties sur un plant de tabac : le sommet *(corona)*, le milieu et le bas. Lorsque les feuilles commencent à se

PLANT DE TABAC CUBAIN

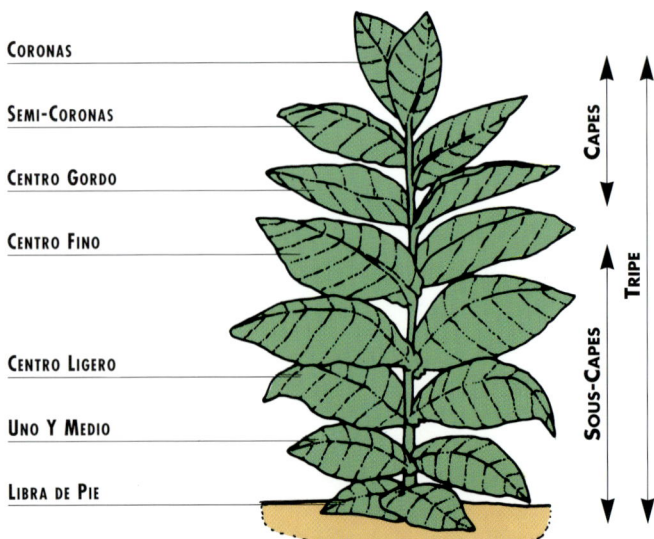

développer, les bourgeons apparaissent, qui doivent être retirés à la main pour qu'ils ne nuisent pas au développement de la plante. Les plants destinés à la production des capes des meilleurs cigares (essentielles à leur qualité) poussent sous un voile protecteur de mousseline *(tapados),* porté sur des piquets, qui leur évite de devenir trop huileuses en réaction à l'agression solaire. La pose de ces voiles de mousseline est réalisée par des hommes juchés sur des échasses.

Lorsqu'arrive l'heure de la récolte, les feuilles sont cueillies à la main, en un seul mouvement. Celles destinées aux capes sont rassemblées par paquets de cinq (les *planchas,* ou mains). La cueillette se fait en six étapes : *libra de pie* (la base, dite « libre de pied »), *uno y medio* (un et demi), *centro ligero* (milieu léger), *centro fino* (milieu mince), *centro gordo* (milieu épais) et *corona* (le sommet). La *libra de pie* n'est jamais utilisée pour les capes. Chaque étape demande environ une semaine. Les meilleures feuilles proviennent généralement du milieu de la plante, celles du sommet, souvent trop huileuses pour les capes, servent pour la tripe. Quatre mois s'écoulent entre le semis et la cueillette, pendant lesquels la plante est examinée environ cent vingt fois.

Les capes poussées sous abri sont classées par couleur : *ligero* (clair), *viso* (luisant), *amarillo* (jaune), *medio tiempo* (moyen) et

**La plantation d'El Corojo à San Luis,
une semaine après le repiquage.**

Histoire des Cigares

**Les feuilles de cape arrivent au séchoir
à La Guira, Cuba.**

quebrado (brisé). Celles qui ont poussé au soleil sont réparties en *volado*, *seco*, *ligero* et *medio tiempo*. Les feuilles *ligero* sommitales ont un parfum très puissant, les *seco* données par la partie médiane sont plus légères et les *volado* de la partie inférieure sont utilisées pour faire du volume et améliorer la combustion. Tout l'art du cigare réside dans le mélange de ces qualités en des proportions qui donneront des goûts plus ou moins puissants tout en assurant une bonne combustion. On classe aussi les feuilles par taille et par aspect : les feuilles malades ou abîmées servent aux cigarettes ou aux cigares de fabrication mécanisée. Un plant peut donner jusqu'à trente-deux capes, dont la qualité est essentielle tant pour l'aspect du cigare que pour son goût.

On emporte ensuite les paquets de feuilles dans les séchoirs de la plantation, orientés est-ouest pour que le soleil donne d'un côté le matin et de l'autre le soir. Température et humidité sont contrôlées en permanence, au besoin en ouvrant les portes (qui sont ordinairement tenues fermées) pour suivre les variations de la température ou des précipitations.

Les feuilles sont alors montées sur des perches, ou *cujes*, à l'aide de fil et d'aiguilles. Les perches, dont chacune soutient une centaine de feuilles, sont hissées à l'horizontale pour permettre à l'air de circuler en bas de la grange. Les feuilles sèchent alors en 45 à 60 jours, selon le temps. La chlorophylle se transforme en carotène et vire du vert au brun. On redescend ensuite les perches avant de couper les fils et d'entreposer les feuilles en les regroupant par type.

Ces paquets vont ensuite dans des caisses de bois jusqu'à l'*escogida*, ou atelier de tri. Les feuilles sont séparées puis humidifiées et aérées avant d'être aplaties et ficelées en paquets de cinquante. Elles fermenteront alors sous des toiles de jute entre un et trois mois selon leur type, les capes étant les moins fermentées. Elles se libéreront ainsi de leur ammoniaque et d'autres impuretés. Lorsque la température d'un paquet atteint 44 °C, on le retourne pour une fermentation bien homogène. Cette opération est parfois répétée plusieurs fois.

Les feuilles sont alors triées (selon la tradition, par des femmes) en fonction de leur destination : cape, sous-cape ou tripe. Ce tri peut comporter une cinquantaine de catégories différentes, selon la

Les capes sont liées ensemble par paquets de cinquante.

LA PRODUCTION DU TABAC À CIGARE

1. Séchoir pour feuilles de cape. Les feuilles virent au brun lorsque la chlorophylle se transforme en carotène.

2. Salle de fermentation. On déballe les *tercios* avant la première fermentation.

3. Inspection des capes au cours de la première fermentation.

4. Les capes sont triées par taille, couleur et texture.

Les *tapados* (grandes feuilles de mousseline) protègent les capes de l'ardeur du soleil.

HISTOIRE DES CIGARES

3

couleur, la taille et la qualité. Puis vient l'écotage, opération pratiquée dans le *despalillo* qui consiste, une fois les feuilles cassées écartées, à retirer la nervure centrale des feuilles avant de les aplatir. Les feuilles de cape seront écotées plus tard, à la manufacture.

Les feuilles sont ensuite humidifiées et couvertes d'une toile sous laquelle elles vont connaître une nouvelle fermentation (60 jours pour les *ligero*, 45 pour les *seco* et *volado*, 35 à 40 jours pour les capes, à une température légèrement plus basse) avant de subir un dernier tri.

La fermentation permet d'uniformiser un peu les arômes du tabac mais diminue surtout sa teneur en acidité, goudrons et nicotine, rehaussant ainsi son goût.

Les feuilles peuvent alors être acheminées vers les manufactures ou les entrepôts, dans des ballots d'écorce de palmier, nommés *tercios*, qui préservent leur teneur en humidité pendant une période de maturation pouvant atteindre deux ans.

Ces opérations de sélection et fermentation, essentielles à la réussite d'un bon cigare, doivent être l'objet des plus grands soins.

Les capes des Cohibas sont humidifiées avant d'aller au roulage.

LA STRUCTURE D'UN CIGARE

Les cigares sont composés de trois parties – la tripe, la sous-cape et la cape – ayant chacune un rôle bien défini.

La cape *(capa)* donne son allure générale au cigare. On a vu que les feuilles de cape poussaient toujours à l'abri de lés de mousseline et fermentaient à part, pour éviter qu'elles ne deviennent trop huileuses et protéger la délicatesse de leur bouquet. Elles doivent aussi être souples pour faciliter la tâche du rouleur.

La couleur des capes, qui sont la partie la plus onéreuse d'un cigare, peut varier d'une plantation à l'autre, de même que leur goût (plus elles sont sombres, plus elles sont sucrées). De bonnes feuilles de cape doivent être élastiques et ne pas comporter de nervures trop saillantes. Leur goût s'affine tout au long d'une maturation qui prend de un an à un an et demi. Les capes autres que cubaines peuvent venir du Cameroun, du Connecticut, de Sumatra, de l'Équateur, du Honduras, du Mexique, du Costa Rica ou du Nicaragua.

La sous-cape (aussi appelée « capote ») maintient le tabac ; elle est généralement faite de deux demi-feuilles sommitales, choisies pour leur grande résistance.

La tripe est faite de feuilles pliées sur leur longueur pour faciliter le passage de l'air, opération qui doit être effectuée manuellement pour un résultat parfait – ce qui explique que les cigares de fabrication mécanique soient moins agréables à fumer. Si l'on ouvre un cigare, on verra que la tripe est disposée d'une manière évoquant un livre vu sur sa tranche, contrairement à ce qui se faisait jadis (on pouvait alors trouver jusqu'à huit feuilles roulées les unes dans les autres, ce qui ralentissait la combustion).

On utilise ordinairement trois types de feuilles de tripe, sauf pour les Montecristo, dans la composition desquels entrent quatre types de feuilles.

Les feuilles sommitales *ligero*, de couleur sombre, ont un goût plus fort résultant de leur exposition au soleil. Elles doivent vieillir trois ans avant de pouvoir être utilisées et sont toujours placées au cœur du cigare : trop proches de la cape, elles produiraient une combustion irrégulière.

Les feuilles médianes *seco*, plus légères de goût comme de couleur, vieillissent en général aux alentours de dix-huit mois.

Les feuilles inférieures *volado* ont peu de goût mais offrent une bonne combustion. On les laisse vieillir environ neuf mois.

Le mélange de ces différentes qualités impose son goût à chaque marque et type de cigare. Un cigare avec beaucoup de corps comme le Ramon Allones contiendra, par exemple, plus de *ligero* qu'un cigare doux comme un H. Upmann, où *seco* et *volado* domineront. Les petits cigares ne contiennent souvent aucun *ligero*. Pour assurer l'homogénéité du goût de toute une production, on mélange des tabacs provenant de différentes récoltes et plantations, ce qui exige des stocks importants.

LE ROULAGE D'UN CIGARE

Pour la fabrication manuelle d'un cigare, on place de deux à quatre feuilles de tripe bout à bout, que l'on roule ensuite dans les deux moitiés de la sous-cape pour obtenir ce qu'on appelle une poupée. Il faut une grande habileté pour obtenir une répartition équilibrée de la tripe, garante d'une combustion régulière. Le tout est ensuite pressé dans des moules de bois. Dans les manufactures cubaines, c'est le même ouvrier qui roule ensuite la cape – ce n'est pas le cas, par exemple, en République Dominicaine où cette tâche est l'œuvre d'ouvriers spécialisés. Dans les deux cas, chaque rouleur dispose de plusieurs poupées déjà roulées, qu'il lui faudra ensuite rouler dans la cape.

L'extrémité est ensuite débarrassée de ses irrégularités, jusqu'à prendre une forme arrondie. Le rouleur choisit une cape, la retourne pour éviter que les nervures ne soient apparentes et la

Préparation de la tripe.

HISTOIRE DES CIGARES

LE ROULAGE D'UN CIGARE

Après avoir été pressés, les cigares sont prêts à recevoir leur cape.

Roulage d'un Cohiba Lancero à El Laguito.

La *chaveta* sert à éliminer les excès de tabac.

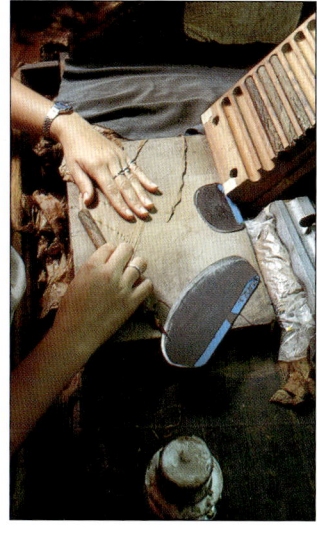

On étire délicatement les capes avant de les rouler.

découpe à la bonne taille à l'aide d'un couteau ovale appelé *chaveta*. Il place alors la poupée de biais par rapport à la cape, puis étire cette dernière avant de la rouler délicatement autour de la sous-cape, les épaisseurs se chevauchant bien à chaque tour. Le tout est ensuite fixé à l'aide d'une goutte de gomme adragante, inodore et sans saveur. Il roule ensuite le cigare contre le plat de sa lame afin d'en assurer l'homogénéité avant de couper une petite chute de cape pour en faire la tête, ou coiffe. Pour certains cigares tels que les Montecristo Especial, c'est l'extrémité de la cape elle-même qui est enroulée pour servir de coiffe – cette méthode est utilisée exclusivement sur les meilleurs cigares roulés à la main. Le rouleur coupe ensuite l'autre extrémité à la bonne longueur.

La bonne construction d'un cigare est essentielle pour le plaisir que vous allez en tirer. S'il est insuffisamment rempli, il tirera bien mais brûlera vite, chauffera et deviendra trop fort. S'il est trop rempli, il tirera mal. Une production de qualité se doit d'être régulière, ce qui, outre un grand savoir-faire, impose des contrôles de qualité fréquents ; il faut en outre disposer d'importantes réserves de bon tabac pour assurer que le goût sera le même d'une année sur l'autre, même en cas de mauvaise récolte.

LA POSE DE LA COIFFE

 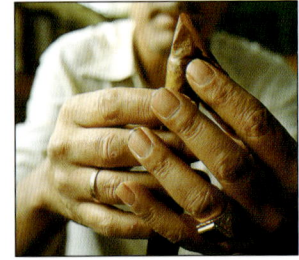

On utilise généralement un morceau de cape pour coiffer le cigare.

HISTOIRE DES CIGARES

La légendaire manufacture Partagas à La Havane.

LA MANUFACTURE DE HAVANES

Les manufactures de havanes n'ont guère changé depuis l'époque de leur standardisation, vers le milieu du siècle dernier, lorsque la production s'est industrialisée. Sur les cent vingt manufactures qui, au début du siècle, produisaient des cigares roulés à la main, il n'en reste plus que huit. Après la révolution, les noms ont été modifiés pour des raisons idéologiques, mais on continue d'utiliser la plupart des anciennes appellations. Les plus célèbres sont H. Upmann (aujourd'hui : José Marti), Partagas (Francisco Perez German), Romeo Y Julieta (Briones Montoto), La Corona (Fernando Roig) et El Laguito qui, ouverte dans les années soixante pour servir de centre de formation, est devenue l'élite des manufactures. Chaque manufacture produit un certain nombre de marques correspondant à des arômes spécifiques. Partagas, par exemple, se spécialise dans les cigares bien corsés, dont elle produit six marques (parmi lesquelles Bolivar, Ramon Allones, Gloria Cubana et, bien sûr, Partagas). Par ailleurs, les manufactures se consacrent fréquemment à la production de modules bien particuliers.

Bien que ces manufactures diffèrent par leur taille et par l'ambiance de travail qui y règne, leur fonctionnement est à peu près identique. El Laguito est installée dans une grande demeure italienne de 1910, ancienne propriété du Marquez de Pinar del Rio qui occupe trois bâtiments d'un quartier résidentiel. Le siège de Partagas, construit en 1845 (et plutôt lugubre), est quant à lui situé

ÉTAPES DE LA FABRICATION D'UN HAVANE

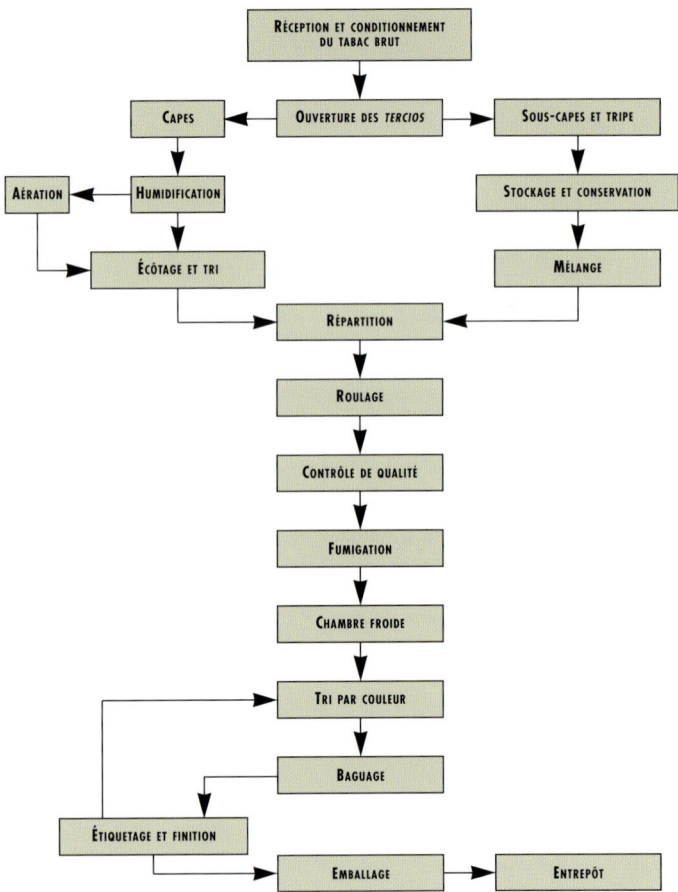

au cœur de La Havane. Laguito fut la première manufacture à employer des femmes pour le roulage : aujourd'hui, la majorité de ses quatre-vingt-quatorze rouleurs sont des rouleuses. Les deux cents rouleurs de Partagas produisent cinq millions de cigares par an. Toutes les manufactures sont décorées de slogans révolutionnaires ainsi que de portraits de Castro, Che Guevara ou d'autres. Parmi les slogans, on peut lire : *La calidad es el respeto al pueblo* (Produire de la qualité c'est respecter le peuple), ou encore : *Tu también haces calidad* (Toi aussi, tu dois te soucier de la qualité).

Histoire des Cigares

Rouleuse de havanes.

Du semis au produit fini, il ne faut pas moins de deux cent vingt-deux opérations différentes pour qu'un cigare voie le jour. Le savoir-faire des rouleurs ne joue pas que sur l'apparence du cigare, mais aussi sur son goût et sa combustion. Il n'est donc pas étonnant que l'apprentissage, assez long et recherché, dure environ neuf mois. Nombreux sont les échecs, et les diplômés sont généralement affectés d'abord à la construction de petits cigares au goût moins raffiné, avant d'être promus à celle des grands crus.

Les rouleurs, ou *torceros,* travaillent dans de vastes ateliers où subsiste encore la coutume remontant à 1864 qui consiste à lire à haute voix des livres ou des journaux. Il arrive aussi qu'on y entende la radio, pour écouter les bulletins d'information. L'ouvrier qui fait la lecture, choisi par ses camarades pour sa voix et ses

Histoire des Cigares

Poste de travail d'un rouleur.

talents de lecteur, reçoit en compensation une petite partie du salaire versé aux autres, qui sont d'ailleurs payés à la pièce. Chaque rouleur est responsable de ses cigares jusqu'à la coupe finale ; il prépare lui-même son mélange de feuilles de tripe et de sous-cape. L'emploi des moules en bois remonte à 1958. Le rouleur commence donc sa journée de travail en s'installant devant son établi (qui ressemble assez à un vieux pupitre d'écolier) avec la provision de tabac nécessaire à son quota journalier. La concentration est grande car les erreurs sont coûteuses, mais il règne dans les ateliers une ambiance fort joyeuse et les *torcedores* sont très fiers de leur travail. Lorsqu'un visiteur pénètre dans un atelier, la coutume veut qu'ils fassent tous résonner leurs *chavetas* contre leurs tables.

On dénombre aujourd'hui une soixantaine de modules de cigares différents, et un bon rouleur peut confectionner jusqu'à 100 cigares de taille moyenne par jour ; un rouleur d'exception peut monter à 150, soit une moyenne de quatre à cinq minutes par cigare. Pour les Montecristo taille A, la moyenne est en revanche de 56 cigares par jour. Certains champions du roulage, tel Jésus Ortiz de chez H. Upmann, peuvent faire bien mieux, pour atteindre 200 Montecristo A par jour.

Les *torcedores* travaillent huit heures par jour, six jours par semaine, pour environ trois cent cinquante à quatre cents pesos par mois (soit deux mille à deux mille cinq cents francs au cours officiel). Ils peuvent emporter cinq cigares par jour et en fumer autant qu'ils veulent sur place.

CONTRÔLE DE QUALITÉ

Contrôle de qualité.
Vérification et mesure d'un Cohiba.

Miriam Lopez est la seule femme testeur chez
El Laguito. Elle goûte ici un Cohiba Lancero.

Il sont répartis en sept niveaux de qualification : les moins expérimentés (niveau 4) ne font rien de plus gros qu'un petit corona, ceux du niveau 5 font des cigares au moins aussi gros que les coronas et ceux des niveaux 6 et 7 (ce dernier ne comptant qu'une poignée de champions) se réservent les modules les plus délicats tels que les pyramides. Le savoir-faire du rouleur se retrouve dans le prix de vente du cigare, ce qui revient à dire que les petites tailles sont proportionnellement moins chères que les grandes.

Chaque rouleur lie ses cigares en paquets de cinquante à l'aide d'un ruban de couleur. La majorité de ces paquets (appelés *media ruedas,* ou demi-roues) passe ensuite dans des chambres de fumigation afin d'être débarrassés d'éventuels parasites. On vérifie aussi la qualité de la production de chaque rouleur, de manière aléatoire.

Le responsable du contrôle de qualité chez El Laguito, Fernando Valdez, teste un cinquième de la production quotidienne de chaque rouleur (chez Partagas, cette proportion n'est que de dix pour cent) en fonction de huit critères tels que taille, poids, fermeté, douceur de la cape et qualité de la coupe finale. Six *catadores,* fumeurs professionnels dont les compétences sont évaluées deux fois par an, vérifient ensuite la qualité de certains de ces cigares en termes d'arôme, de combustion et de tirage. Ces critères revêtent une importance variable selon le type de cigare concerné : l'arôme est, par exemple, essentiel pour un gros robusto, mais pour un petit panetela, le tirage sera plus important. Les *catadores,* qui travaillent surtout le matin, fument environ deux centimètres de chaque cigare en se rinçant la bouche avec du thé non sucré après chaque test. À la fin de la semaine, des échantillons du travail de chaque rouleur auront ainsi été évalués.

À leur sortie de la salle de fumigation, les cigares sont entreposés trois semaines dans de petites pièces fraîches (les *escapartes*) pour y perdre l'excès d'humidité qu'ils auraient pu emmagasiner à l'usine et pour éviter ainsi toute refermentation. Ces pièces, qui peuvent contenir jusqu'à dix-huit mille cigares, sont l'objet de soins attentifs.

Lorsqu'ils sont prêts, les cigares sont réunis par groupes de mille pour être triés en fonction de leur aspect. On retient pour cela soixante-cinq teintes différentes, que chaque sélectionneur doit pouvoir toutes reconnaître. Le premier tri se fait selon les couleurs (qui portent des noms tels que *sangre de toro, encendido, colorado encendido, colorado, colorado pajizo* et *clarisimo*), tandis que le

FINITION ET EMBALLAGE

Les cigares sont triés par teintes.

Mise en place de la bague.

Mise en boîte par couleur.

second porte sur les nuances au sein de chaque couleur. Les cigares sont alors placés dans des boîtes de transit, les plus sombres à gauche et les plus clairs à droite.

Après le tri par couleur, ils vont au service de conditionnement, où l'on enfile leurs bagues avant de les placer dans des boîtes de cèdre. Les emballeurs repèrent aussi les défauts qui auraient échappé aux contrôles précédents. Une fois la boîte remplie, les cigares sont vérifiés à nouveau avant d'être recouverts d'une fine feuille de bois de cèdre.

On scelle ensuite la boîte avec l'étiquette garantissant sa provenance. Ils peuvent alors prétendre au titre de *puros Habanos* – *puro* ayant fini par devenir tout simplement synonyme de cigare.

Les opérations sont les mêmes un peu partout dans le monde, mais en République Dominicaine, par exemple, les deux étapes de roulage sont effectuées par des personnes différentes. Les grandes compagnies américaines y utilisent également des machines de contrôle de qualité ultra-perfectionnées, alors que d'autres fabricants préfèrent effectuer les contrôles à la main, en particulier pour déceler d'éventuels vides pouvant entraîner une surchauffe. Aux Philippines, on enroule les feuilles autour de deux bâtonnets de bois, qui sont ensuite retirés lorsque la cape est mise.

CONSTRUCTION MANUELLE OU MÉCANIQUE ?

La différence essentielle entre roulage manuel et roulage mécanique tient en ce que la tripe de la plupart des cigares de construction mécanique est faite de miettes de tabac plutôt que d'une seule longueur de feuille, de sorte que ces cigares se consument plus vite et chauffent davantage. Certaines manufactures mécanisées (Bering, par exemple) utilisent des tripes d'une seule pièce, pour un résultat certes meilleur, mais encore inférieur à celui du roulage manuel. Les capes sont également de moins bonne qualité pour le roulage mécanique que pour le roulage manuel.

Pour les cigares bon marché produits en masse, on tasse la tripe dans des tubes cylindriques avant de l'entourer d'une feuille de sous-cape d'un seul tenant puis d'ajouter la cape.

Pour certains cigares de construction mécanique un peu plus raffinés, un ouvrier verse la tripe (le plus souvent sous forme de miettes de tabac) dans une trémie et place les feuilles de sous-cape sur un plateau où elles sont ensuite découpées avant d'être placées

Histoire des Cigares

DIFFÉRENTS TYPES DE CIGARES

Construction mécanique : la tripe est faite de miettes de tabac.

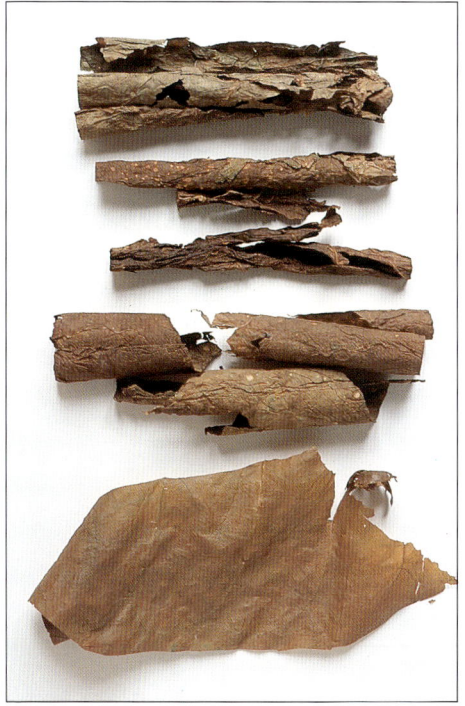

Construction manuelle : tripe, sous-cape, cape. On voit que la tripe, d'un seul tenant, fait toute la longueur du cigare.

sur un tapis roulant qui les fait entrer dans la machine d'où le cigare ressort roulé, prêt à être ébarbé.

Il est assez aisé de reconnaître un cigare fait main d'un autre de construction mécanique : les têtes de ces derniers sont généralement bien plus pointues, ils sont moins lisses au toucher et la cape porte souvent des nervures très apparentes. Si un cigare ne porte pas de coiffe, vous pouvez être certain qu'il n'est pas fait main. Les emballages en cellophane sont également révélateurs, surtout sur les cigares cubains, mais de nombreux cigares fait main en dehors de Cuba sont emballés sous cellophane, de sorte qu'il n'y a pas de moyen infaillible de les distinguer.

Les Cubains ont récemment inventé le concept du cigare « fini à la main » après avoir été roulé en machine ; tel est le cas des Quintero, par exemple. Ils portent une coiffe fait main, leur tripe est constituée de feuilles d'un seul tenant et les capes sont de bonne qualité. Leur arôme imite assez bien celui des cigares roulés à la main, mais ils ne sauraient tromper un vrai connaisseur.

La différence de prix entre cigares de construction manuelle et mécanique s'explique par le temps passé pour le roulage manuel comme par le coût de production de feuilles de qualité supérieure. Le roulage manuel entraîne en outre une plus importante production de déchets.

LA BOÎTE À CIGARES

Les cigares étaient à l'origine vendus en paquets couverts d'une vessie de porc contenant aussi une gousse de vanille pour l'odeur. Puis vinrent les gros coffres de cèdre, pouvant contenir jusqu'à dix mille pièces.

En 1830, la banque H. Upmann commença à expédier des cigares à l'intention de ses directeurs londoniens dans des boîtes de cèdre scellées et portant l'insigne de la maison. Lorsqu'elle décida de se lancer dans le commerce de cigares, la boîte de cèdre s'imposa comme emballage privilégié des grands havanes et de tous les cigares fait main. On utilise aussi aujourd'hui des boîtes en carton pour les plus petites quantités et des tubes d'aluminium pour les cigares vendus à la pièce. Le cèdre contribue au bon vieillissement des cigares et évite leur dessèchement.

C'est en 1837 que Ramon Allones, un immigrant de Galice, commença à décorer ses boîtes de cigares des étiquettes colorées, appelées *vistas,* qu'on voit maintenant sur toutes les boîtes de

H. Upmann fut parmi les premiers à utiliser des boîtes de cèdre.

cigares fait main. Le développement commercial du siècle dernier imposa aussi une meilleure identification des différentes marques. On trouve également des étiquettes à l'intérieur des couvercles, et le pourtour des boîtes est souvent rehaussé de couleurs. La boîte de cèdre est souvent appelée boîte nature. Les cigares qu'elle contient sont souvent recouverts de feuilles de papier de couleur.

Après une ultime vérification, la boîte est clouée et fermée d'un sceau vert et blanc garantissant leur authenticité, coutume qui remonte à 1912. On continue aujourd'hui encore à utiliser des sceaux reproduisant le graphisme des étiquettes, aussi bien pour les cigares cubains que pour les autres.

Sur les sceaux des havanes, on peut lire : « Garantie du gouvernement cubain pour des cigares exportés de La Havane.
Sello de garantia nacional de procedencia. »

La plupart des Cohibas sont vendus dans des boîtes vernies, de même que certains des grands modèles de quelques autres havanes. Les H. Upmann Sir Winston, par exemple, se vendent dans une boîte vernie vert sombre. De telles boîtes portent généralement leur emblème gravé plutôt que sous forme d'une étiquette collée.

Certains Partagas et Ramon Allones sont emballés dans des boîtes dites de 8-9-8. Ces boîtes aux arêtes arrondies contiennent en effet vingt-cinq cigares disposés en trois couches : huit au fond, neuf au milieu et huit dessus. Les cigares ainsi présentés sont assez onéreux.

LES LABELS SUR LES BOÎTES

Le sceau de garantie.

Tampon garantissant la fabrication manuelle.

Boîte de havanes d'avant la révolution.

Depuis 1961, les boîtes de havanes sont estampillées *Hecho en Cuba*, inscription qui remplace l'ancienne « Made in Havana-Cuba ». Depuis 1985, elles portent aussi un code d'usine et le logo de Cubatabaco, cette raison sociale ayant été remplacée par Habanos SA en 1994.

1989 vit l'apparition de la mention « Totalmente a mano », seule garantie qu'il s'agit bien de cigares confectionnés selon la tradition locale. Les inscriptions « Hecho a mano » ou « Made by Hand » sont trompeuses car l'Union européenne autorise leur emploi pour des cigares de construction mécanique qui ne sont que terminés à la main...

À moins que vous n'ayez entièrement confiance en votre revendeur, la seule façon d'être sûr est d'acheter des cigares faits après 1989 portant l'inscription « Totalmente a Mano ». Si vous lisez, « Made in Havana, Cuba », il s'agit certainement de cigares d'avant la révolution.

Les codes de fabrique, imprimés en bleu, correspondent aux appellations d'après la révolution. On a ainsi :

JM pour José Marti, anciennement H. Upmann.
FPG pour Francisco Perez German, anciennement Partagas.
BM pour Briones Montoto, anciennement Romeo Y Julieta.
FR pour Fernando Roig, anciennement La Corona.
EL pour El Laguito.
HM pour Heroes del Moncada, anciennement El Rey del Mundo.

Les boîtes de havanes portaient aussi jadis des tampons indiquant la couleur des cigares qu'elles contenaient, mais cette coutume s'est perdue. Par le passé, elles portaient fréquemment la mention « claro », ce qui était souvent trompeur.

Les boîtes faites hors de Cuba peuvent porter la mention « Envuelto a mano », ce qui signifie « emballé à la main ». « Roulé à la main » ou « Hand-rolled » indique que seule la cape a effectivement été roulée à la main, tandis que le premier roulage s'est fait en machine.

Les boîtes de cigares américains portent généralement un code au fond : les lettres TP, suivies d'un nombre désignant le fabricant.

Certains cigares (les Dunhill dominicains et les Macanudo les plus coûteux, par exemple) portent aussi un millésime qui renvoie à l'année de récolte et non à celle de fabrication. Les Dunhill actuellement commercialisés portent ainsi le millésime 1989, indiquant qu'il s'agit de tabacs dominicains récoltés en 1989.

LES BAGUES DE CIGARES

C'est au Hollandais Gustave Block, l'un des premiers Européens à s'intéresser à la fabrication des havanes, que l'on doit l'apparition des bagues, destinées, tout comme les étiquettes, à distinguer sa marque des autres. Il fut bientôt imité, de sorte que presque tous les cigares fait main portent aujourd'hui de telles bagues. Certains cigares, vendus sous un conditionnement dit Cabinet Selection, ne portent pas de bagues. Ils se présentent en demi-roues de cinquante pièces attachées par un ruban de soie, comme c'était le cas avant l'apparition des bagues. Certains cigares honduriens sont aussi commercialisés en Europe à l'unité, sans bague, pour des raisons de droits.

La bague sert aussi à protéger les doigts du fumeur des taches de nicotine, ce qui était important lorsque les hommes portaient des gants de soirée. On dit qu'elles servent aussi à la tenue de la cape, mais aucune cape digne de ce nom n'a besoin d'être maintenue.

Les bagues des vieilles marques sont souvent plus décorées que les modernes. Celles des cigares de haut de gamme (Cohiba, Dunhill, Montecristo et Davidoff par exemple) sont simples et élégantes.

Les bagues des cigares faits hors de Cuba mais portant des noms cubains ressemblent souvent aux originaux à de petits détails près (on y lit souvent la date de fondation de la marque là où les havanes portent le mot « Habana »).

Certaines maisons cubaines utilisent plusieurs motifs différents. C'est le cas de Hoyo de Monterrey, ou de Romeo Y Julieta dont les Churchill ont une bague dorée étroite tandis que le reste de leur production porte des bagues rouges.

On est parfaitement libre de fumer son cigare avec ou sans sa bague. Les Britanniques considèrent depuis longtemps qu'il est de mauvais goût d'afficher la marque du cigare que l'on fume, mais de tels principes ne s'appliquent pas ailleurs en Europe ou aux États-Unis.

Si vous voulez retirer la bague, mieux vaut attendre un peu après avoir allumé votre cigare, car la chaleur aidera à la détacher de la cape. En essayant de la retirer avant, vous risquez d'endommager la cape.

LES MODULES DE CIGARES

On ne compte pas moins de soixante modules différents qui, à Cuba, portent des appellations totalement différentes de celles sous lesquelles on les connaît ailleurs : Prominente (double corona), Julieta N° 2 (Romeo Churchill), Carlota, Delicado et Francisco, par exemple. Certaines maisons cubaines, telle Partagas, produisent quarante modèles, même si certains d'entre eux sont faits à la machine. La plupart des maisons cubaines vendent aujourd'hui moins d'une douzaine de modèles de cigares fait main (José Piedra et Cifuentes, récemment disparues, n'en avaient qu'un chacune). Les marques non cubaines, raisonnables, offrent des gammes moins étendues, de six à dix modèles.

On trouvera ci-après la liste des modules les plus courants ; mais de nombreuses maisons utilisent leurs propres noms pour les modèles les plus standard. On trouve aussi de petites variantes d'une maison à l'autre pour les modèles standard. Certaines marques utilisent en outre des noms tels que Churchill, Rothschild ou Corona Grande pour des produits qui n'ont en fait rien à voir. Le Macanudo « Baron de Rothschild » est en fait un Lonsdale (de même que le Macanudo Lonsdale, légèrement plus mince et plus long).

Le diamètre d'un cigare s'exprime le plus souvent en millimètres. Il est à noter que les Casablanca Jeroboam et Demi-

Du Gran Corona de vingt-deux centimètres de long au demi tasse de dix centimètres, on trouve une impressionnante variété de tailles.

LES MODULES CUBAINS DE BASE

Nom	Longueur (en mm)	Diamètre (en mm)
Gros diamètre		
Gran Corona	235	18,7
Prominente	198	19,4
Julieta	177	18,7
Piramide*	155	20,6
Corona Gorda	149	18,3
Campana*	139	20,6
Hermoso N° 4	127	19,1
Robusto	123	19,8
Diamètre moyen		
Dalia	171	17,1
Cervante	165	16,7
Corona Grande	155	16,7
Corona	139	16,7
Mareva	127	16,7
Londres	127	15,9
Minuto	111	16,7
Perla	101	15,9
Petit diamètre		
Laguito N° 1	190	15,1
Ninfas	177	13,1
Laguito N° 2	152	15,1
Seoane	127	14,3
Carolina	120	10,3
Franciscano	114	15,9
Laguito N° 3	114	10,3
Cadete	114	14,3
Entreacto	98	11,9

* *Ces modules, à la coiffe pointue, sont parfois appelés « torpedo », ce qui pourrait laisser penser qu'ils sont en fait pointus aux deux extrémités alors que de tels cigares sont en réalité des « Figuerados ».*

Jeroboam battent tous les records avec un diamètre légèrement supérieur à 2,8 centimètres.

Le plus gros cigare réellement fumable était le Koh-i-Noor, fabriqué par Henry Clay avant la Seconde Guerre mondiale pour un maharadjah. Le roi Farouk s'en faisait fabriquer du même module sous le nom de Visible Immenso. Tous deux mesuraient 45,7 centimètres pour un diamètre de 18,6 millimètres. On fabriquait jadis un panatela de 49,5 centimètres et Partagas conserve un phénomène de près de 1,27 mètre. La boutique Davidoff, à Londres, expose aussi un monstre de 90 centimètres pour un diamètre de 38,1 millimètres.

À l'inverse, le plus petit cigare jamais fabriqué en série fut le Bolivar Delgado : à peine 3,8 centimètres.

Une même maison peut offrir de nombreuses variantes, en particulier si elle dispose d'une large gamme, mais en règle générale chaque maison excelle dans quelques modules bien précis. Ainsi, il ne faut pas croire que, si les gros cigares d'une maison sont excellents, il en ira de même pour leurs petits modèles. La seule solution est de les essayer.

CHOISIR UN CIGARE

En règle générale, plus un cigare est gros et plus son goût sera marqué, car le mélange contiendra plus de *ligero* et moins de *volado*. Les gros cigares sont aussi souvent mieux faits que les petits (souvent confiés aux débutants), se consument plus lentement et chauffent moins. Les cigares minces contiennent peu ou pas de *ligero* et les vrais connaisseurs, s'ils ont le temps, choisiront généralement d'en déguster un gros.

Nous conseillons cependant au débutant de commencer par un cigare relativement petit, tel qu'un panatela ou un très petit corona, avant de continuer sa progression vers de plus gros cigares assez légers. Les cigares jamaïcains comme les Macanudo (également fabriqués en République Dominicaine) sont assez doux, de même que les H. Upmann pour les havanes. Au-dessus de la taille Corona, le mieux est de passer aux Lonsdale lorsque vous sentirez que vous avez dépassé le stade de la découverte.

De nombreux experts ont évoqué les rapports entre l'apparence physique du fumeur et la taille de cigare qui lui convient le mieux : d'ailleurs, les Cubains ont un dicton qui veut qu'en vieillissant l'on fume des cigares de plus en plus gros. Tout cela est, bien sûr, dépourvu de tout fondement, et il appartient à chacun de déterminer la taille qu'il préfère ; bien qu'une personne particulièrement mince risque d'avoir l'air comique ou prétentieux si elle fume un très gros cigare. On peut, en revanche, choisir son cigare en fonction du moment de la journée. On préfère souvent un cigare plus doux ou plus petit le matin ou après un déjeuner léger. Le fumeur habitué préférera peut-être un robusto après un bon déjeuner : beaucoup de goût pour un cigare assez vite fumé. Les fumeurs les plus qualifiés choisiront certainement un gros cigare bien corsé après un gros repas ou bien tard dans la soirée : il dure plus longtemps qu'un petit et son arôme convient mieux à un estomac bien rempli. Ils choisiront donc un Churchill ou un Double Corona. De même, fumer un cigare puissant avant un dîner risque de vous couper l'appétit et de mettre vos papilles en déroute. D'ailleurs, il en va de même avec les alcools, puisqu'on prendra plutôt quelque chose de léger à l'apéritif et de plus fort au digestif. Pour comparer des cigares, il vaut donc mieux les fumer à des heures régulières tout en tenant compte de son alimentation et du cadre environnant.

Au moment de choisir un cigare, assurez-vous que sa cape est intacte et saine. Vérifiez aussi qu'il n'est pas trop sec ou cassant, car cela lui donnerait un goût trop âpre. On doit aussi pouvoir sentir son bouquet, témoin d'une bonne conservation. Un bon cigare ne doit être ni trop dur ni trop mou. Une cape porteuse de grosses nervures indique que le contrôle de qualité a été mal fait.

La couleur de la cape et de ce que l'on peut voir de la tripe donne de bonnes indications quant à la saveur, sans représenter cependant un test infaillible, car c'est la tripe qui donne l'essentiel de l'arôme. En général, plus un cigare est sombre et plus il sera corsé et sucré, puisque les capes sombres contiennent plus de sucre. S'ils sont bien conservés, les cigares continuent de vieillir et fermenter dans leurs boîtes de cèdre, et ce faisant perdent en acidité, un peu à la manière d'un bon vin. Les gros vieillissent en général mieux que les petits, mais il ne faut pas oublier que certains, dont les Montecristo ou les Cohiba (à l'exception peut-être de leurs tailles extrêmes), ne vieillissent pas très bien, car leur tabac a déjà fermenté longtemps avant le roulage (les Cohiba subissent même une fermentation supplémentaire). Certains experts affirment qu'un tabac correctement fermenté ne vieillira plus, tandis que s'il est insuffisamment fermenté, il ne pourra tout simplement pas se bonifier du tout.

Les cigares les plus légers, en particulier ceux qui portent des capes claires, perdront en bouquet si on les conserve trop longtemps. Il est conseillé de fumer les cigares clairs avant les sombres. Les capes destinées à bien vieillir sont sombres et « huilées » à l'origine, et deviennent plus sombres et « huilées » encore en vieillissant.

La plupart des bons importateurs font vieillir leurs cigares aux alentours de deux ans avant de les commercialiser, mais il n'existe aucune règle simple dictant le temps qu'il faut laisser un cigare vieillir, même si certains experts disent qu'il atteint sa maturité au bout de six à dix ans. Il faut aussi savoir que, s'ils sont mal conservés, la plupart perdront du bouquet et finiront même par sécher. Quelles que soient les conditions de conservation, il est peu recommandé de garder un cigare plus de dix ans : il ne s'améliorera certainement plus et ne pourrait que perdre du bouquet.

Il faut fumer un cigare dans les trois mois qui suivent sa fabrication, ou bien attendre au moins un an : le début de la période de vieillissement est le pire moment pour choisir de fumer un cigare.

**La couleur des capes va de *claro* (clair)
à *oscuro* (sombre).**

LA COULEUR DES CAPES

On peut regrouper les capes sous sept grandes couleurs différentes, même si les nuances se comptent ensuite par dizaines :

DOUBLE CARO (parfois appelé aussi *candela*) – brun verdâtre. (C'est le cas du Macanudo « jade ».) La couleur vient de ce que la feuille, cueillie avant maturité, est soumise à un séchage rapide. Goût très doux, presque suave. Très peu d'huile.

CLARO – brun pâle, café au lait. (C'est le cas des produits de maisons comme H. Upmann.) Teinte classique des cigares doux, parfois aussi appelée « nature », comme pour les *colorado claro*.

COLORADO CLARO – brun moyen, fauve. (C'est le cas des Partagas dominicains qui utilisent des capes camerounaises.)

COLORADO – brun sombre rougeâtre, parfumé. C'est souvent la couleur des cigares bien vieillis.

COLORADO MADURO – brun sombre, légèrement plus aromatiques que les *maduro*. Parfum très riche qu'on retrouve dans nombre de bons cigares honduriens.

MADURO – brun très sombre, proche du café. (C'est le cas des havanes corsés comme les Bolivar, faits avec des capes mexicaines.) Convient aux fumeurs habitués. On croit souvent que c'est la couleur cubaine classique.

OSCURO – presque noir. Très fort avec peu de bouquet. Les capes de cette couleur, jadis très courues, ne se trouvent presque plus. Elles viennent souvent du Nicaragua, du Brésil ou du Mexique.

Plus la couleur est sombre et plus l'arôme risque d'être puissant et sucré, car la cape contient alors plus d'huile et de sucre. Les capes sombres ont mûri plus longtemps sur pied ou ont poussé plus en altitude : l'exposition au soleil entraîne la production d'huile protectrice et de sucre (par photosynthèse). Elles ont aussi fermenté plus longtemps.

Comment Fumer un Cigare

Tous les cigares faits à la main doivent être ouverts en leur extrémité avant d'être fumés : c'est à vous de choisir votre méthode. On trouve sur le marché toutes sortes de coupe-cigares, depuis les petites « guillotines » à une ou deux lames (ces dernières étant les meilleures), bon marché et faciles d'emploi, jusqu'à des modèles de luxe, qui demandent parfois une certaine habitude. On peut aussi utiliser un couteau bien aiguisé ou se contenter de pincer la tête avec ses ongles, l'essentiel étant que la coupure soit nette et égale. Il faut laisser trois à quatre millimètres de la coiffe et ne pas chercher à la percer car, en comprimant la tripe, vous allez gêner le passage de la fumée et surchauffer le cigare. Il ne faut jamais couper à la limite de la coiffe ou plus bas sous peine d'endommager la cape ; il faut juste retirer assez de tête pour pouvoir voir la tripe.

On peut allumer un cigare à l'aide d'un briquet à gaz ou d'une allumette, mais les briquets à essence sont à proscrire car ils nuisent au goût. Dunhill et Davidoff vendent des allumettes spéciales, à

Les coupe-cigares. Le système à guillotine est le meilleur, le plus simple et le moins cher.

combustion lente, mais une allumette ordinaire fera aussi bien l'affaire si l'on évite celles trop riches en soufre ou en cire. Un cigare correctement allumé sera toujours plus agréable qu'un cigare mal allumé, alors prenez votre temps.

1. Tenez le cigare à l'horizontale en contact avec la flamme en le faisant tourner lentement jusqu'à ce que l'extrémité soit brûlée de manière égale.

Histoire des Cigares

2. Vous pouvez alors le porter à votre bouche tout en le tenant horizontal. Placez la flamme à un centimètre du bout et aspirez lentement tout en le faisant tourner. Le bout devrait alors commencer à brûler. La braise doit être régulière pour éviter qu'un côté ne se consume plus vite que l'autre.

3. Soufflez maintenant doucement sur la braise pour assurer une combustion régulière.

Un cigare ne doit pas être coupé trop près de la coiffe.

Allumez le cigare avec grand soin.

Bientôt prêt à fumer.

Les cigares bien vieillis se consument mieux que les jeunes, et un cigare de haute qualité bien allumé se reconnaîtra au fait que sa braise ne sera entourée que d'une mince couche noircie.

Pour bien apprécier son cigare, il convient de le fumer lentement, sans tirer trop souvent, ce qui le chaufferait et en gâterait le goût. Faut-il aussi préciser que la fumée ne doit pas être avalée ? La forte alcalinité et le faible taux de nicotine de la fumée vous feraient assurément tousser. Il faut bien une demi-heure pour fumer un corona, et certains cigares encore plus gros peuvent demander plus d'une heure.

Ne vous inquiétez pas si votre cigare s'éteint, c'est tout à fait normal, surtout si vous en avez déjà fumé plus de la moitié. Faites tomber la cendre et rallumez-le en brûlant l'extrémité de la cape. Soufflez ensuite dedans pour chasser la fumée froide et rallumez-le comme vous le feriez d'un nouveau cigare. On peut ainsi reprendre un cigare jusqu'à deux heures après qu'il s'est éteint ; au-delà, il aura pris un goût de fumée froide. De très gros cigares peuvent toutefois être repris le lendemain s'ils n'ont pas été fumés plus qu'à moitié.

Il n'est pas nécessaire de les secouer pour faire tomber la cendre prématurément, ce qui ne veut pas dire qu'il faille chercher à la conserver le plus possible : trop longue, elle gêne le passage de l'air et entraîne une combustion irrégulière. Mieux le cigare a été fait et plus longue sera la cendre.

Lorsqu'un cigare commence à dégager trop de chaleur et laisse un arrière-goût dans la bouche (généralement dans les quatre ou cinq derniers centimètres), il est temps de l'éteindre. Sacha Guitry disait : « Si la naissance d'un idiot ressemble à celle d'un génie, la fin d'un Corona de La Havane ressemble à celle d'un cigare de trois sous. » Il n'est pas nécessaire d'écraser un cigare comme une cigarette : il s'éteindra rapidement de lui-même dans le cendrier, mais il faudra le jeter aussitôt pour éviter que la pièce ne s'imprègne d'une tenace odeur de tabac froid.

Il ne faut en aucun cas le rouler près de votre oreille – cela ne vous dira rien de sa qualité – ni le chauffer sur toute sa longueur. Cela se faisait jadis pour éliminer le goût désagréable de la gomme utilisée pour certains Séville du siècle dernier ; mais cette pratique est devenue parfaitement inutile aujourd'hui, car la gomme adragante, insipide, n'est utilisée qu'en très petite quantité.

2

RÉPERTOIRE

DES

CIGARES

*L*A SÉLECTION proposée ici ne saurait prétendre à l'exhaustivité, mais elle comprend cependant l'essentiel des marques les plus couramment distribuées. Certaines ne sont vendues qu'aux États-Unis, d'autres en Europe, mais les choses changent. Il en va de même pour les différents modèles proposés par une même marque.

Les appréciations portant sur le goût et l'arôme sont forcément subjectives, mais il est possible d'évaluer avec objectivité le tirage, la qualité de construction et celle de la cape. Peut-être apprécierez-vous le goût d'un cigare critiqué ici : après tout, c'est une affaire de goût individuel.

> ◙ Le pays d'origine est indiqué :
> Cuba
> Honduras

> ◙ Les goûts peuvent se classer ainsi :
> Léger
> Léger à moyennement corsé
> Moyennement corsé à corsé
> Corsé

Pour ce qui est de la qualité, on tiendra compte de l'apparence, de la construction et de l'homogénéité (ce dernier critère étant essentiel pour toutes les marques). Ces cigares étant fabriqués à la main et le tabac étant soumis aux fluctuations du climat, voire de la politique dans certains pays, la qualité de toutes les marques est susceptible de connaître des variations, aussi les avis donnés ne peuvent-ils être qu'indicatifs.

> ◙ Nous avons retenu quatre niveaux de qualité :
> Susceptible d'amélioration
> Construction et feuilles de qualité
> Qualité supérieure
> Qualité exceptionnelle

Après le roulage, les cigares attendent une quinzaine de jours pour perdre un peu d'humidité.

Arturo Fuente

La coutume veut que les cultivateurs fassent pousser le tabac et que les fabricants roulent les cigares. Aussi, lorsque les Fuente – qui sont les plus gros producteurs dominicains de cigares fait main – achetèrent une plantation, ils s'attirèrent des haussements de sourcils de la part des deux confréries. Quand on apprit que la ferme proche d'El Caribe cultiverait des capes, l'étonnement laissa la place à la perplexité : pratiquement personne ne fait pousser de capes en République dominicaine, et certainement pas pour des cigares de qualité.

Lorsqu'un cigare enveloppé d'une cape provenant d'El Caribe – aujourd'hui vendu sous le nom de Château de la Fuente – se hissa à la première place du palmarès du Cigar Aficionado de l'automne 1994, l'étonnement fut à son comble.

L'année 1995 vit la création de la série des Fuente Fuente OpusX®, dont les capes proviennent d'El Caribe. Elle a depuis connu un certain succès mais la production en est trop limitée. La famille des Fuente entend remédier à cela en ajoutant au domaine 75 hectares d'un terrain qui n'a jamais été cultivé auparavant, ce qui signifie que la couche de terre arable est très importante. Les Fuente pensent qu'elle donnera des capes au moins aussi bonnes que celles du Château de la Fuente, et espèrent ainsi doubler leur production.

Les Fuente produisent de nombreux autres cigares se distinguant par leurs capes Cameroun *colorado* (certains modèles, tel le Royal Salute, sont roulés dans des Connecticut « naturelles »). Tous sont de bonne construction, bien mélangés, et offrent un arôme de léger à moyennement corsé qui rend hommage à la passion de la famille Fuente. Les Double Corona et les Rothschild sont particulièrement remarquables.

FUENTE FUENTE OPUSX®

Nom	Longueur (en mm)	Diamètre (en mm)
Reserva A	235	18,7
Double Corona	194	19,4
Reserva N° 1	168	17,5
Reserva N° 2	158	20,6
Petit Lanceros	158	15,1
Fuente Fuente	142	18,3
Robusto	133	19,8

ARTURO FUENTE

Reserva A : Longueur 235 mm, Diamètre 18,7 mm

Reserva N° 2 : Longueur 158 mm, Diamètre 20,6 mm

Robusto : Longueur 133 mm, Diamètre 19,8 mm

Arturo Fuente

MODÈLES

Nom	Longueur (en mm)	Diamètre (en mm)
Canones	215	20,6
Royal Salute	194	20,6
Churchill	190	19,1
Panetela Fina	177	15,1
Double Corona	171	19,1
Privada N° 1	171	18,3
Lonsdale	158	16,7
Flor Fina	152	18,3
Cuban Corona	133	17,5
Petit Corona	127	15,1
Château de la Fuente	114	19,8
HEMINGWAY		
Masterpiece	228	20,6
Classic	152	18,7
Signature	152	18,7

ARTURO FUENTE

Petit Corona : Longueur 127 mm, Diamètre 15,1 mm

Château de la Fuente : Longueur 114 mm, Diamètre 19,8 mm

Privada N° 1 : Longueur 171 mm, Diamètre 18,3 mm

- **O** République Dominicaine
- **G** Léger à moyennement corsé
- **Q** Qualité supérieure

ASHTON

*P*ROPRIÉTÉ d'une entreprise de Philadelphie, cette marque tire son nom d'un célèbre artisan pipier anglais et fabrique de très beaux cigares en République Dominicaine. La production se divise en trois séries : Ashton, Ashton Cabinet Selection et Ashton Aged Maduro. Toutes les capes sont des Connecticut.

Les Cabinet Selection sont les plus légers en raison d'un vieillissement plus important – les N° 1, N° 2 et N° 3 sont pointus aux deux extrémités. Le Magnum de la série Ashton convient aux amateurs de cigares légers et le Maduro N° 10 à ceux qui apprécient la douceur. Les Ashton Crown sont roulés dans des capes poussées à la ferme du Château de la Fuente.

MODÈLES

Nom	Longueur (en mm)	Diamètre (en mm)
Cabinet N° 1	228	20,6
Churchill	190	20,6
Cabinet N° 10	228	20,6
N° 60 Maduro	190	20,6
Cabinet N° 8	177	20,6
N° 50 Maduro	178	19
Cabinet N° 2	178	18,2
Prime Minister	174	19
N° 30 Maduro	171	17,4
8-9-8	165	17,4
Elegante	165	13,9
Cabinet N° 7	158	20,6
N° 40 Maduro	152	19,8
Double "R"	152	19,8
Cabinet N° 3	152	18,2
Panetela	152	14,3
Cabinet N° 6	139	19,8
Corona	139	17,4
N° 20 Maduro	139	17,4
N° 10 Maduro	127	19,8
Magnum	127	19,8
Cordial	127	11,9

ASHTON

Cabinet N° 3 : Longueur 152 mm, Diamètre 18,2 mm

N° 40 Maduro : Longueur 152 mm, Diamètre 19,8 mm

N° 60 Maduro : Longueur 190 mm, Diamètre 20,6 mm

ASHTON

Cabinet N° 2 : Longueur 178 mm, Diamètre 18,2 mm

Prime Minister : Longueur 174 mm, Diamètre 19 mm

Magnum : Longueur 127 mm, Diamètre 19,8 mm

- ◘ République Dominicaine
- ◘ Léger à moyennement corsé
- ◘ Bonne construction

AVO

Avo Uvezian, le compositeur de *Strangers in the Night*, a su apporter son sens de l'harmonie aux cigares qui portent son nom, qu'il s'agisse de la gamme standard ou de celle, plus récente, des « XO » : les capes Connecticut et les sous-capes et tripes dominicaines s'accordent parfaitement.

La série des « XO » doit son prix élevé (mais un Avo n'est jamais donné) à un procédé de fermentation et maturation unique.

Ces cigares sont de bonne construction. Le Pyramid et le Belicoso ne sauraient toutefois être comparés aux havanes Piramides et Campana (souvent appelés Belicosos).

L'arôme tend à prendre du corps avec le diamètre du cigare et peut aller de moyennement corsé à très corsé.

MODÈLES

Nom	Longueur (en mm)	Diamètre (en mm)
N° 3	190	20,6
Pyramid	178	21,4
XO Maestoso	177	19,1
N° 4	178	15,1
N° 5	171	16,7
N° 1	171	16,6
N° 6	165	14,3
N° 2	152	19,8
Belicoso	152	19,8
N° 7	152	17,4
XO Preludo	152	15,9
XO Intermezzo	139	19,8
N° 8	139	15,9
Petit Belicoso	127	18,2
N° 9	120	19

Avo

XO Maestoso : Longueur 177 mm, Diamètre 19,1 mm

N° 2 : Longueur 152 mm, Diamètre 19,8 mm

Pyramid : Longueur 178 mm, Diamètre 21,4 mm

- République Dominicaine
- Moyennement corsé à corsé
- Qualité supérieure

BANCES

La marque commercialise des cigares de confection manuelle ou mécanique, les premiers étant faits au Honduras à partir de tabacs locaux. Les capes sont assez grossières et parfois roulées trop serrées, ce qui peut entraîner des problèmes de tirage. Ces cigares dégagent dans l'ensemble un arôme particulier, assez doux et légèrement poivré.

MODÈLES

Nom	Longueur (en mm)	Diamètre (en mm)
President	215	20,6
Corona Immensas	171	19
N° 1	165	19,1
Cazadores	158	17,5
Breva	133	17

- ⬛ Honduras
- 🄶 Léger à moyennement corsé
- 🅀 Laisse à désirer

Corona Immensas : Longueur 171 mm, Diamètre 19 mm

BAUZA

$\mathcal{L}$ES BOÎTES de Bauza rappellent celles d'avant la révolution cubaine alors même que ces cigares sont faits en République Dominicaine. Les capes, riches, sont équatoriennes. Les sous-capes, mexicaines, se marient à une tripe nicaraguayenne et dominicaine pour donner un arôme léger à moyennement corsé. Le roulage est de qualité, mais méfiez-vous du Presidente, qui ne soutient pas la comparaison avec les autres. Les prix sont raisonnables.

MODÈLES

Nom	Longueur (en mm)	Diamètre (en mm)
Fabulosos	190	19,8
Medalla d'Oro		
N° 1	174	17,5
Florete	174	13,9
Casa Grande	171	19,1
Jaguar	165	16,7
Robusto	139	19,8
Grecos	139	16,7
Petit Corona	127	15,1

- **O** République Dominicaine
- **G** Léger à moyennement corsé
- **Q** Qualité supérieure

Casa Grande : Longueur 171 mm, Diamètre 19,1 mm

BOLIVAR

Les célèbres Bolivar, portant le portrait de Simon Bolivar, artisan de la libération d'une grande partie de l'Amérique du Sud, sont parmi les havanes les plus aisément reconnaissables. Leur Delgado, un Corona ne mesurant pas plus de cinq centimètres, est le plus petit des havanes. La maison Bolivar fut fondée en 1901, mais sa consécration dut attendre les années cinquante et la reprise par Ramon et Rafael Cifuentes.

Il en existe plus de vingt modèles différents, dont beaucoup sont faits à la machine, ce qui doit vous inciter à la prudence si vous pensez être tombé sur une bonne affaire. Il existe douze modèles faits à la main, parmi les moins chers des havanes, ce qui en fait un bon choix si – et c'est là une restriction importante – leur goût vous convient, car ce sont des havanes particulièrement corsés, de sorte qu'ils conviennent mieux aux fumeurs expérimentés qu'aux débutants. Roulés dans une cape sombre, ils vieillissent bien. Achetez de préférence les gros modèles (à partir de Royal Corona), de bonne construction, ils tirent et se consument bien en dégageant un arôme puissant. Les Belicosos Finos, parfaits après un repas copieux, sont très populaires, tandis que les Royal Corona *(robusto)*, plus légers, conviennent bien au déjeuner. Le Petit Corona est l'un des plus parfumés qui soient. Si vous cherchez la légèreté, évitez le Palmas (panetela), produit en petites quantités. Le goût caractéristique des Bolivar ne provient pas d'un mélange fort en *ligero,* mais d'une proportion de *seco* plus élevée que celle de *volado.*

Il existe aussi des Bolivar dominicains, d'un bon rapport qualité-prix, de goûts légers à moyennement corsés et roulés dans des capes camerounaises. On n'en compte que cinq modèles.

BOLIVAR

Royal Corona : Longueur 124 mm, Diamètre 19,8 mm

Gold Medal (Lonsdale) : Longueur 161 mm, Diamètre 16,6 mm

Petit Corona : Longueur 127 mm, Diamètre 16,6 mm

- ◉ Cuba
- Ⓖ Très corsé
- Ⓠ Qualité supérieure

- ◉ République Dominicaine
- Ⓖ Léger à moyennement corsé
- Ⓠ Bonne construction

BOLIVAR

Belicosos Finos : Longueur 139 mm, Diamètre 20,6 mm

MODÈLES CUBAINS

Nom	Longueur (en mm)	Diamètre (en mm)
Corona Gigantes	178	18,6
Churchill	178	18,6
Lonsdale	168	17
Gold Medal	161	16,6
Corona Extra	143	17,4
Belicosos Finos	139	20,6
Corona	139	16,6
Petit Corona	127	16,6
Bonitas	127	15,9
Royal Corona	124	19,8
Regentes	124	13,5
Corona Junior	109	16,6

MODÈLES DOMINICAINS

Nom	Longueur (en mm)	Diamètre (en mm)
Bolivares	178	18,2
Corona Grand	165	16,6
Belicosos Finos	165	15,1
Panetelita	152	12,3
Corona Extra	139	16,6

C.A.O.

$\mathcal{C}$ETTE MARQUE hondurienne, lancée en 1995, utilise une tripe mexicaine et nicaraguayenne roulée dans des sous-capes honduriennes et des capes Connecticut shade. Ils sont en général doux et de bonne construction. 1996 vit le lancement d'une nouvelle gamme, la C.A.O. Gold, qui connut un succès immédiat, à tel point qu'à l'heure où nous écrivons l'entreprise accuse un retard de cinq mois dans ses livraisons. Il en existe cinq modèles, tous de tripe et sous-cape nicaraguayenne et cape équatorienne.

- Nicaragua
- Léger à moyennement corsé
- Qualité supérieure

Corona Gorda : Longueur 152 mm, Diamètre 19,8 mm

MODÈLES

Nom	Longueur (en mm)	Diamètre (en mm)
Churchill	203	19,8
Presidente	190	21,4
Triangulare	177	14,3/21,4
Lonsdale	177	17,5
Corona Gorda	152	19,8
Corona	152	16,6
Petit Corona	127	15,9
Robusto	114	19,8

MODÈLES C.A.O. GOLD

Nom	Longueur (en mm)	Diamètre (en mm)
Double Corona	190	21,4
Churchill	177	19,1
Corona Gorda	165	19,8
Corona	152	16,6
Robusto	114	19,8

C.A.O.

Churchill : Longueur 203 mm, Diamètre 19,8 mm

Corona Maduro : Longueur 152 mm, Diamètre 16,6 mm

Presidente : Longueur 190 mm, Diamètre 21,4 mm

- Honduras
- Léger
- Bonne construction

Casa Blanca

*V*OICI de beaux cigares dominicains dont les gros modèles existent en capes *claro* ou *maduro*. La tripe est dominicaine et brésilienne, tandis que la sous-cape est mexicaine. Spécialisée dans les gros diamètres (23,8 pour le Magnum et 26,2 pour le Jeroboam et le Demi-Jeroboam), Casa Blanca fait dans l'ensemble de bons cigares, de bonne construction, légers et aromatiques.

MODÈLES

Nom	Longueur (en mm)	Diamètre (en mm)
Jeroboam	254	26,2
Presidente	190	19,8
Magnum	178	23,8
Lonsdale	165	16,7
De Luxe	152	19,8
Panetela	152	13,5
Corona	139	16,6
Demi-Jeroboam	127	26,2
Bonita	101	14,3

Presidente : Longueur 190 mm, Diamètre 19,8 mm

CASA BLANCA

Magnum XL : Longueur 178 mm, Diamètre 23,8 mm

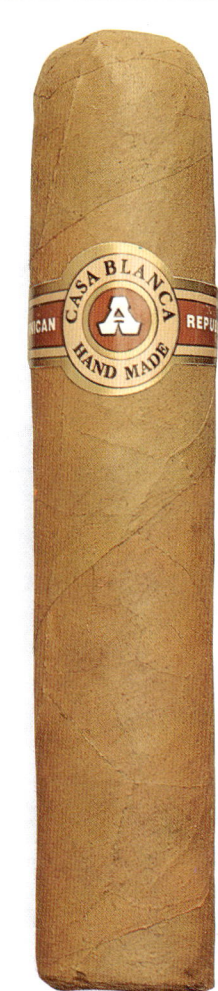

Demi-Jeroboam : Longueur 127 mm, Diamètre 26,2 mm

Lonsdale : Longueur 165 mm, Diamètre 16,7 mm

- **O** République Dominicaine
- **G** Léger
- **Q** Bonne construction

V Centennial

*L*E V EN CHIFFRES ROMAINS signifie que le nom de la marque entend célébrer le cinq centième anniversaire de la découverte du tabac par Christophe Colomb, tout en rappelant que les tabacs utilisés proviennent de cinq pays différents. Les capes sont américaines (Connecticut), les sous-capes mexicaines et la tripe est un mélange de tabacs hondurien (pour le côté épicé), nicaraguayen pour l'arôme et dominicain pour faire bonne mesure. Ils sont faits au Honduras.

Mélanger des tabacs aussi divers n'est pas chose aisée, mais si l'on parvient à trouver un équilibre on peut alors offrir des cigares d'un goût bien distinct. V Centennial s'en tire fort bien dans ses cigares *claros* et encore mieux dans les *maduros*, disponibles pour certains modèles.

Roulés à la main, ils sont de bonne construction même si les capes sont parfois un peu granuleuses. Le Torpedo n'a pas la régularité de forme d'un Piramide, dont il constitue cependant une variante intéressante qui se fume bien.

MODÈLES

Nom	Longueur (en mm)	Diamètre (en mm)
Presidente	203	19,8
Numero Uno	190	15,1
Torpedo	177	14,3/21,4
Churchill	177	19,1
Cetro	158	17,5
Numero Dos	152	19,8
Coronas	139	16,7
Robusto	127	19,8

- Honduras
- Moyennement corsé à corsé
- Qualité supérieure

V Centennial

Torpedo : Longueur 177 mm, Diamètre 14,3/21,4 mm

Cetro : Longueur 158 mm, Diamètre 17,5 mm

Churchill : Longueur 177 mm, Diamètre 19,1 mm

COHIBA

*E*N DÉPIT de son jeune âge, cette marque, lancée en 1968, est déjà entourée d'un nombre de mythes impressionnant. Le nom même fut d'abord compris comme étant le mot Taino (tribu d'Indiens cubains) pour désigner le tabac, mais on penche aujourd'hui pour une traduction de « cigare ». Un autre mythe veut que le fondateur en soit Che Guevara, mais celui-ci ayant quitté son ministère en 1965 et ayant été tué en octobre de l'année précédant le lancement de la marque, le lien semble douteux. Le troisième mythe veut que les Cohiba soient fabriqués à El Laguito, ce qui n'est plus vrai depuis quelques années.

La vérité, on la tient de la bouche d'Emilia Tamayo, directrice de l'usine d'El Laguito depuis juin 1994. Cette femme charmante et très compétente confirme que la décision fut bien prise au milieu des années soixante, époque à laquelle un des gardes du corps de Castro s'approvisionnait en cigares auprès d'un artisan, Eduardo Ribera, dont les produits plaisaient tant au chef d'État qu'il lui fut demandé de travailler exclusivement à son service. Il fut alors installé, sous haute surveillance, dans une maison d'El Laguito.

Anonymes à l'origine, ces cigares furent baptisés Cohiba en 1968, lorsque commença la production d'une gamme de trois modèles, les Lancero, Corona Especial et Panetela qui reçurent les noms de Laguito N° 1, N° 2 (remarquables par leur coiffe en forme de torsade) et N° 3.

Pendant quatorze ans, ces trois Cohiba furent réservés aux membres du gouvernement et aux hôtes de marque, mais ces trois modules (dans lesquels entrent des mélanges différents) furent repris par Davidoff en 1969 sous les noms de N° 1, N° 2 et Ambassadrice, puis par Montecristo au début des années 1970 (Especial, Especial N° 2 et Joyita).

Avelino Lara, qui remplaça Ribera en 1968, présida ensuite aux destinées de Cohiba pendant vingt-six ans. Aîné d'une famille de quatre *torceros* réputés, Lara décida des trois principes fondamentaux qui firent la réputation et la qualité de Cohiba.

Le premier principe est ce qu'il appelle « le choix du choix » : il dispose de la production des dix meilleures vegas de la Vuelta Abajo. Le deuxième réside en une troisième fermentation, que seul Cohiba pratique à Cuba et qui s'applique uniquement aux feuilles de *ligero* et *seco*. Lors de leur maturation en tonneaux, les feuilles sont humidifiées pour en retirer toute trace d'âpreté. Le troisième principe veut que le roulage soit exclusivement confié aux meilleurs rouleurs cubains – qui, à El Laguito, sont tous des femmes.

En 1982, la réputation de ces cigares n'étant plus à faire, il fut décidé de les rendre accessibles à de moindres mortels que le roi d'Espagne et autres grands de ce monde. Sept ans plus tard, la gamme s'enrichit de trois nouveaux modèles : l'Esplendido (un Churchill), le Robusto et l'Exquisito. Ce dernier, un module unique de 127 mm pour un diamètre de 14,3 mm, est le seul qui soit encore roulé à El Laguito, les deux autres étant faits soit par H. Upmann soit par Partagas.

Récemment, la production s'est encore enrichie d'une gamme de cinq modèles, la Linea 1492, dont le lancement à La Havane, en 1992, donna lieu à de grandes cérémonies. Ils furent baptisés Siglo (« Siècle » en espagnol) I, II, III, IV et V en hommage aux cinq siècles nous séparant de Christophe Colomb. Roulés chez Partagas, ils sont plus légers que ceux de l'autre gamme (Linea Clasica), dont il faut dire qu'ils offrent une richesse rarement égalée.

Il existe aussi des Cohiba dominicains, qui n'ont rien à voir avec les cubains, mais gageons que l'homonymie des deux marques fournira aux avocats d'affaires de juteux procès lorsque cessera l'embargo américain contre Cuba.

MODÈLES

Nom	Longueur (en mm)	Diamètre (en mm)
Lancero	190	15,1
Esplendido	178	18,6
Coronas Especial	152	15,1
Exquisito	127	14,3
Robusto	127	19,8
Panetela	114	10,3

COHIBA

Panetela : Longueur 114 mm, Diamètre 10,3 mm

Exquisito : Longueur 127 mm, Diamètre 14,3 mm

Esplendido (Churchill) : Longueur 178 mm, Diamètre 18,6 mm

Eduardo Ribera, créateur du mélange original des Cohiba.

Cohiba

Robusto : Longueur 127 mm, Diamètre 19,8 mm

Coronas Especial : Longueur 152 mm, Diamètre 15,1 mm

Lancero : Longueur 190 mm, Diamètre 15,1 mm

COHIBA

- Cuba
- Moyennement corsé à corsé
- Le nec plus ultra

Emilia Tamayo, directrice d'El Laguito depuis 1994, aux côtés de Rafael Guerra, directeur de la production des cigares.

Siglo I : Longueur 101 mm, Diamètre 15,9 mm

Siglo II : Longueur 127 mm, Diamètre 16,6 mm

MODÈLES SIGLO

Nom	Longueur (en mm)	Diamètre (en mm)
Siglo V	171	17
Siglo III	152	16,6
Siglo IV	143	18,2
Siglo II	127	16,6
Siglo I	101	15,9

Cohiba

Siglo III : Longueur 152 mm, Diamètre 16,6 mm

Siglo IV : Longueur 143 mm, Diamètre 18,2 mm

Siglo V : Longueur 171 mm, Diamètre 17 mm

CUABA

*L*ANCÉS à l'automne 1996, voici les derniers-nés des havanes, roulés chez Romeo Y Julieta. Leur nom provient d'un vieux mot Taino qui désigne une plante locale jadis utilisée pour l'allumage des cigares lors des cérémonies religieuses.

Disponibles en quatre modèles, ils ne sont pas sans rappeler les cigares de l'ancien temps par leur forme de « figuardo » (effilée aux deux extrémités), qui perdit la faveur du public au siècle dernier au profit des « parejos », cylindriques. Légers à moyennement corsés, ils sont d'une qualité exceptionnelle.

Divinos : Longueur 101 mm, Diamètre 17,1 mm

MODÈLES

Nom	Longueur (en mm)	Diamètre (en mm)
Exclusivos	142	18,3
Generosos	133	16,7
Tradicionales	120	16,7
Divinos	101	17,1

Champ de tabac cubain ; on aperçoit les séchoirs en chaume à l'arrière-plan.

Cuaba

Generosos : Longueur 133 mm, Diamètre 16,7 mm

Tradicionales : Longueur 120 mm, Diamètre 16,7 mm

Exclusivos : Longueur 142 mm, Diamètre 18,3 mm

- **O** Cuba
- **G** Moyennement corsé à corsé
- **Q** Le nec plus ultra

Cuba Aliados

L'appellation est trompeuse car ces cigares sont fabriqués au Honduras. Il ne fait pas de doute qu'ils sont l'œuvre d'un émigré cubain, que la production en est supervisée par des expatriés cubains et que les graines de leur tabac proviennent de Cuba, mais tout cela n'en fait pas des havanes pour autant.

C'est d'autant plus dommage qu'ils sont de bonne qualité et témoignent du dévouement des Cubains à la cause des bons cigares. Les Piramides et Diademas constituent des chefs-d'œuvre cigariers. La plupart des modules sont disponibles en Claro, Colorado Claro et Colorado, ce qui offre d'intéressantes variations de goût au sein d'une gamme qui va de corsé à très corsé. Le Colorado présente une richesse toute particulière.

MODÈLES

Nom	Longueur (en mm)	Diamètre (en mm)
General	457	26,2
Figurin	254	23,8
Diademas	190	23,8
Piramides	190	23,8
Churchill	181	21,4
Valentino	177	19,1
Cazadore	177	17,9
Palma	177	14,3
Corona De Luxe	165	17,9
Fuma	165	17,9
Lonsdale	165	16,7
Toro	152	21,4
N° 4	139	17,9
Remedios	139	16,7
Rothschild	127	20,2
Petit Cetro	127	14,3

CUBA ALIADOS

Rothschild : Longueur 127 mm, Diamètre 20,2 mm

Corona De Luxe : Longueur 165 mm, Diamètre 17,9 mm

Lonsdale : Longueur 165 mm, Diamètre 16,7 mm

- Honduras
- Moyennement corsé à corsé
- Bonne construction

Cuesta-Rey

*F*ONDÉE en 1884 par Angel La Madrid, cette marque remonte à la grande époque où Tampa, en Floride, était la capitale de l'industrie cigarière américaine.

Cuesta-Rey est aujourd'hui dirigé par la famille Newman, qui possède la dernière des grandes maisons cigarières de Tampa et travaille aussi dans le monde du cigare depuis plus d'un siècle.

Il en existe deux gammes : Cabinet Selection et Centennial Vintage Collection, cette dernière étant celle qui est décrite ci-dessous. Les deux gammes sont faites en République Dominicaine et le roulage en est entièrement manuel. Les capes sont des Connecticut shade, les sous-capes dominicaines et la tripe est un mélange de quatre tabacs différents.

MODÈLES

Nom	Longueur (en mm)	Diamètre (en mm)
Individual	215	20,6
Dominican #1	215	20,6
Dominican #2	184	19,1
Aristocrat	184	19,1
Dominican #3	177	14,7
Riviera	177	13,9
Dominican #4	165	16,7
Dominican N° 60	152	19,8
Captiva	158	16,7
Robusto	114	19,8
Dominican #5	139	17,1
Cameo	108	12,7

CUESTA-REY

Dominican #1 : Longueur 215 mm, Diamètre 20,6 mm

Dominican #5 : Longueur 139 mm, Diamètre 17,1 mm

Captiva : Longueur 158 mm, Diamètre 16,7 mm

- **◉** République Dominicaine
- **G** Léger
- **Q** Qualité supérieure

DAVIDOFF

*M*AISON synonyme de « cigare de qualité », Davidoff a diversifié ses activités pour vendre aussi des parfums, des cravates, du cognac et de la maroquinerie. Le succès d'une telle entreprise, rare en cette fin de siècle, est l'œuvre de Zino Davidoff, poursuivie maintenant par Ernst Schneider.

La vie de Zino Davidoff, disparu en 1994, se confond avec l'histoire du siècle. Né à Kiev, il partit à Genève avec sa famille pour fuir les pogroms. Le jeune Zino visita l'Amérique latine, terre de tabac, avant de se décider pour Cuba. À la fin de la Seconde Guerre mondiale, il parvint à mettre la main sur un important stock d'excellents cigares venant de la France de Vichy. En 1947, il réussit à lancer sa propre série dite des « châteaux », dérivée des Hoyo de Monterrey ; en 1969, il fut officiellement accepté par l'industrie cigarière cubaine.

Son association avec Schneider remonte à 1970. Ce dernier avait su voir le potentiel international d'une telle marque, et c'est avec l'aide de Cubatabaco que la nouvelle collection fut lancée. Il y eut trois gammes de havanes Davidoff. La plus corsée était celle des Châteaux, la plus légère celle des Dom Perignon N° 1 et N° 2 et de l'Ambassadrice. Entre les deux se tenait la série dite des Mille.

La disparition de ces cigares est une tragédie due à un désaccord entre Oettinger et Cubatabaco, qui aboutit à l'arrêt de la production en 1990 puis à son transfert vers la République Dominicaine.

La boutique genevoise de Davidoff.

C'est probablement Paul Garmirian qui, dans son livre *The Gourmet Guide to Cigars,* rend le mieux compte des causes de la rupture d'une union si fructueuse.

Il est tout à l'honneur de Davidoff et Schneider de ne pas avoir essayé de reproduire le goût de leurs anciens cigares. Les modules sont souvent identiques et l'on a conservé le concept des différentes gammes de goût typées mais il s'agit clairement de cigares dominicains, plus légers que les havanes, mais susceptibles de plaire à un large public – ce qui ne satisfait pas pour autant leurs anciens admirateurs.

MODÈLES DOMINICAINS

Nom	Longueur (en mm)	Diamètre (en mm)
Aniversario N° 1	220	19
Double R	190	19,8
Tubo N° 1	190	15,1
Aniversario N° 2	178	19
3000	178	13,1
Grand Cru N° 1	155	16,6
4000	155	16,6
Special T	152	20,6
Tubo N° 2	152	15,1
5000	143	18,2
Grand Cru N° 2	143	16,6
Tubo N° 3	130	11,9
Grand Cru N° 3	127	16,6
2000	127	16,6
Special R	127	19,8
Grand Cru N° 4	117	15,9
1000	117	13,5
Ambassadrice	117	10,3
Grand Cru N° 5	102	15,9

DAVIDOFF

Les Davidoff dominicains, élégamment habillés de capes Connecticut claires, se répartissent en trois gammes. La gamme Grand Cru, qui présente le plus de corps, remplace les Châteaux. Les N° 1, N° 2 et N° 3, ainsi que l'Ambassadrice sont doux et légers à souhait. La série des Mille est également douce. Il existe en outre un choix de plus gros modules dont le Spécial R (un robusto), le Spécial T (un piramide), le Double R (double corona) et le C (culebra, plus récent).

Viennent enfin deux modules Aniversario, d'une légèreté exceptionnelle pour des cigares de ce diamètre.

Intérieur du magasin Davidoff à New York.

- République Dominicaine
- Léger à moyennement corsé
- Qualité supérieure

[90]

DAVIDOFF

Double R : Longueur 190 mm, Diamètre 19,8 mm

Special T : Longueur 152 mm, Diamètre 20,6 mm

Tubo N° 2 : Longueur 152 mm, Diamètre 15,1 mm

Diplomaticos

$\mathcal{L}$A GAMME des Diplomaticos, assez restreinte et reconnaissable à la calèche et aux parchemins dessinés sur la bague, fut à l'origine créée en 1966 pour le marché français. Ils ressemblent aux Montecristo mais sont moins onéreux.

Les Diplomaticos sont de très bonne construction et offrent un goût riche mais délicat ainsi qu'un excellent arôme, ce qui leur confère un bon rapport qualité-prix. Ils sont tous agréables à fumer, en particulier les N° 1, N° 2 et N° 3. Les appellations sont comparables à celles des Montecristo, mais le choix est moins vaste.

MODÈLES

Nom	Longueur (en mm)	Diamètre (en mm)
N° 6	190	15,1
N° 1	165	16,6
N° 2	155	20,6
N° 7	152	15,1
N° 3	139	16,6
N° 4	127	16,6
N° 5	101	15,9

Diplomaticos N° 1 (Lonsdale) : Longueur 165 mm, Diamètre 16,6 mm

DIPLOMATICOS

Diplomaticos N° 2 (torpedo) : Longueur 155 mm, Diamètre 20,6 mm

Diplomaticos N° 3 (corona) : Longueur 139 mm, Diamètre 16,6 mm

Diplomaticos N° 5 : Longueur 101 mm, Diamètre 15,9 mm

- Cuba
- Moyennement corsé à corsé
- Qualité supérieure

Don Diego

Ces cigares dominicains, légers à medium, ne sont guère différents de leurs rivaux, les Macanudo. Les capes sont *claro* et *colorado claro*. De bonne construction, on les trouve en tubes aussi bien qu'en boîtes. Jusqu'au milieu des années soixante-dix, ils étaient fabriqués aux Canaries. On utilise aujourd'hui des capes Connecticut, mais certains des petits modèles sont roulés dans des capes camerounaises au goût plus marqué et plus sucré. Certains modèles existent soit en *claro* (pour les États-Unis), soit en *colorado* (pour l'Europe).

Les Monarch et les Lonsdale, excellents, sont vendus en tubes, de même que les Royal Palma et les Corona Major. L'Amatista est vendu dans un bocal de verre. Ils sont généralement d'un goût, d'un arôme et d'un tirage irréprochables. Les Privadas sont les plus vieillis.

MODÈLES

Nom	Longueur (en mm)	Diamètre (en mm)
Monarch (EMS)	184	18,3
Lonsdale (EMS/AMS)	161	16,7
Coronas Bravas	165	19,1
Grecos (EMS)	165	15,1
Royal Palma	155	14,3
Coronas (EMS/AMS)	142	16,7
Petit Corona (AMS/EMS)	130	16,7
Corona Major	128	16,7
Babies	131	13,1
Preludes (EMS)	101	11,1

DON DIEGO

Lonsdale : Longueur 161 mm, Diamètre 16,7 mm

Corona Major : Longueur 128 mm, Diamètre 16,7 mm

Coronas : Longueur 142 mm, Diamètre 16,7 mm

- République Dominicaine
- Léger à moyennement corsé
- Bonne construction

Don Lino

Apparue en 1989, cette marque dominicaine s'est récemment enrichie de deux nouveaux modules. Roulés dans des capes Connecticut shade, ce sont là des cigares légers d'un prix intéressant.

Les sept modules de la gamme Habana Reserve, également roulés dans des capes Connecticut, vieillissent quatre ans avant d'être commercialisés, ce qui en augmente la douceur… mais aussi le prix.

La série des Colorado, lancée en 1994, est plus sombre et d'un arôme moyennement corsé à corsé.

Si vous aimez vos cigares roulés serrés, le Don Lino est ce qu'il vous faut, mais vous risquez de le payer d'un tirage un peu difficile.

- Honduras
- Léger à moyennement corsé
- Bonne construction

Lonsdale Colorado : Longueur 165 mm, Diamètre 17,5 mm

MODÈLES

Nom	Longueur (en mm)	Diamètre (en mm)
Supremos	215	20,6
Churchill	190	19,8
Torpedo	177	19,1
Panetelas	177	14,3
N° 1	165	17,5
N° 5	171	17,5
N° 3	152	14,3
Corona	139	19,8
Robusto	139	19,8
Toros	139	18,3
Peticetro	139	16,7
N° 4	127	16,7
Rothschild	114	19,8
Epicures	114	12,7

MODÈLES HABANA RESERVE

Nom	Longueur	Diamètre
Churchill	190	19,8
Panetelas	181	14,3
Torpedo	177	19,1
#1	165	17,5
Tubo	165	17,5
Toros	139	18,3
Robusto	127	19,8
Rothschild	114	19,8

MODÈLES COLORADO

Nom	Longueur	Diamètre
Presidente	190	19,8
Torpedos	177	19,1
Lonsdale	165	17,5
Robustos	139	19,8

DON PEPE

CETTE MARQUE brésilienne, née en 1994, est le dernier produit de chez Suerdieck. La tripe en est un mélange de mata norte et mata fino, tandis que les capes, élevées au Brésil, proviennent de graines de Sumatra. Il existe sept modules, de moyennement corsé à corsé, à l'arôme riche, avec une note de terre.

MODÈLES

Nom	Longueur (en mm)	Diamètre (en mm)
Double Corona	190	20,6
Churchill	177	19,1
Petit Lonsdale	152	17,1
Slim Panatela	133	10,3
Robusto	127	20,6
Demi-Corona	108	13,5

**Champ de tabac brésilien ;
les feuilles basses sont prêtes à être récoltées.**

DON PEPE

Churchill : Longueur 177 mm, Diamètre 19,1 mm

Robusto : Longueur 127 mm, Diamètre 20,6 mm

Double Corona : Longueur 190 mm, Diamètre 20,6 mm

- Brésil
- Léger à moyennement corsé
- Bonne construction

DON RAMOS

CES CIGARES honduriens de bonne construction sont fabriqués à San Pedro de Sula et destinés au public britannique. Sur les 7 tailles, 5 peuvent être vendues en tubes et 4 en boîtes. Le N° 11 est un Churchill, le N° 14 un Corona, le N° 19 un Rothschild et ainsi de suite. Ils sont d'un bon rapport qualité/prix, les plus gros (les Churchill/Gigantes/N° 11 : 171 mm x 18,7 mm, N° 13 : 149 mm x 18,3 mm et N° 19 : 114 mm x 19,8 mm) offrent un corps conséquent. Tous les modules sont d'une richesse légèrement épicée. La liste ci-dessous donne les numéros des « bottes ».

Epicure : Longueur 114 mm, Diamètre 19,8 mm

MODÈLES

Nom	Longueur (en mm)	Diamètre (en mm)
N° 11	171	18,7
N° 13	149	18,3
N° 14	139	16,7
N° 16	127	16,7
N° 19	114	19,8
N° 20	114	16,7
N° 17	101	16,7

- Honduras
- Moyennement corsé à corsé
- Qualité supérieure

Don Ramos

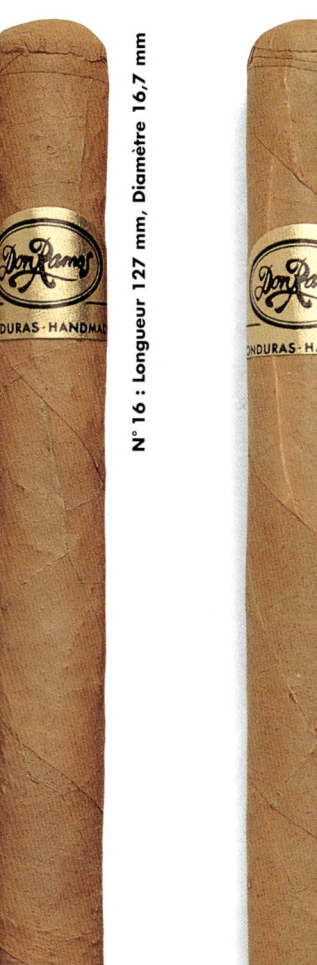

N° 16 : Longueur 127 mm, Diamètre 16,7 mm

N° 14 : Longueur 139 mm, Diamètre 16,7 mm

N° 11 : Longueur 171 mm, Diamètre 18,7 mm

DON TOMAS

CES CIGARES honduriens, de bonne construction, existent en trois gammes de prix différentes. La Special Edition, utilisant des tabacs issus de graines honduriennes, dominicaines et Connecticut, est particulièrement bon marché. La série International (quatre modules), faite de tabacs issus de graines cubaines, est peu coûteuse tandis que la série standard, roulée dans des capes naturelles ou *maduro*, comprend un Corona d'un diamètre imposant mais néanmoins très agréable.

Corona Grande : Longueur 165 mm, Diamètre 17,5 mm

MODÈLES

Nom	Longueur (en mm)	Diamètre (en mm)
Gigante	216	20,6
Imperial	203	17,4
President	190	19,8
Panetela Larga	178	14,3
Cetro N° 2	165	17,4
Corona Grande	165	17,5
Supremo	159	16,6
Panetela	152	14,3
Corona	139	19,8
Toro	143	18,2
Matador	139	16,7
Blunt	127	16,6
Rothschild	114	19,8
Epicure	117	12,7

DON TOMAS

Imperial : Longueur 203 mm, Diamètre 17,4 mm

Blunt : Longueur 127 mm, Diamètre 16,6 mm

President : Longueur 190 mm, Diamètre 19,8 mm

- Honduras
- Moyennement corsé à corsé
- Qualité supérieure

DUNHILL

Cette vénérable maison anglaise commercialise des cigares depuis fort longtemps : c'est en 1935 que Dunhill commença à vendre les Montecristo de Menendez Y Garcia. Vinrent par la suite des marques comme Don Candido et Don Alfredo, puis les années quatre-vingt virent le lancement d'une série de havanes sous le nom de Dunhill, qui comprenait les Cabinetta et Malecon.

Dunhill s'est aujourd'hui recentré sur deux gammes : les Aged Cigars (dominicains) et une sélection de cigares des Canaries.

Les Aged Cigars existent en treize modules faits d'une tripe dominicaine roulée dans des feuilles Connecticut. Ils vieillissent un minimum de trois mois avant la vente, offrent un tirage régulier et un arôme caractéristique, qui va de

Centenas : Longueur 152 mm, Diamètre 19,8 mm

MODÈLES DOMINICAINS

Nom	Longueur (en mm)	Diamètre (en mm)
Peravias	178	19,8
Caberas	177	19,8
Fantinos	178	11,1
Diamantes	168	16,6
Samanas	165	15,1
Centenas	152	19,8
Condados	152	19
Tabaras	145	16,7
Valverdes	139	16,6
Altamiras	127	19,1
Romanas	114	19,8
Bavaros	114	11,1
Caletas	101	16,7

DUNHILL

Corona Extra : Longueur 144 mm, Diamètre 19,8 mm

Peravias : Longueur 178 mm, Diamètre 19,8 mm

Romanas : Longueur 114 mm, Diamètre 19,8 mm

- République Dominicaine
- Moyennement corsé à corsé
- Qualité supérieure

Dunhill

moyennement corsé à corsé, délicat et jamais lourd. Ils sont en outre millésimés car les tabacs d'un cigare donné sont tous issus d'une même année de récolte.

La gamme des Canaries, plus réduite, ne comporte que cinq modules, reconnaissables à leur bague rouge, légers à moyennement corsés avec une petite note sucrée. De bonne construction, ils sont toutefois un peu plus âpres que les autres Dunhill.

MODÈLES DES CANARIES

Nom	Longueur (en mm)	Diamètre (en mm)
Lonsdale Grande	190	16,6
Corona Grande	165	16,6
Panetela	155	11,9
Corona Extra	144	19,8
Corona	139	16,6

Panetela : Longueur 155 mm, Diamètre 11,9 mm

- Canaries
- Léger à moyennement corsé
- Bonne construction

El Rey Del Mundo

*L*A MARQUE du « Roi du Monde » (appellation qui ne traduit pas un excès de modestie), fondée en 1882 par Antonio Allones, figure parmi les préférées de maints connaisseurs. Elle offre une vaste gamme dont certains modules peuvent aussi être de confection mécanique. C'est Romeo Y Julieta qui se charge de la production. J.R. Tobacco en fabrique aussi vingt-six modules honduriens, beaucoup plus corsés, dont nous donnons la liste à la page suivante. Certains utilisent une tripe dominicaine, plus légère, pour des fumeurs moins avertis.

Le Corona était le cigare préféré du célèbre producteur Darryl Zanuck, jadis propriétaire d'une plantation cubaine.

Les modules cubains, roulés dans de belles capes huileuses, sont de très haute qualité. Même les plus gros ne pèchent pas par excès de corps, ce que leur reprochent certains amateurs ; ils dégagent un arôme toujours subtil. Convenant à des débutants, ils sont parfaits pour fumer pendant la journée, à tel point que même les plus gros ne se montreraient pas sous leur meilleur jour après un copieux dîner.

MODÈLES CUBAINS

Nom	Longueur (en mm)	Diamètre (en mm)
Elegantes	174	11,1
Lonsdale	165	16,6
Corona De Luxe	139	16,6
Choix Supreme	127	19
Petit Corona	127	16,6
Tres Petit Corona	114	15,9
Demi Tasse	101	11,9

MODÈLES HONDURIENS

Nom	Longueur (en mm)	Diamètre (en mm)
Coronation	215	20,6
Principale	203	18,7
Flor del Mundo	184	21,4
Robusto Suprema	184	21,4
Imperiale	184	21,4
Corona Immensa	184	18,7
Double Corona	177	19,4
Cedar	177	17,1
Flor de Llaneza	165	21,4
Flor de la Vonda	165	16,7
Plantation	165	11,9
Choix Suprême	165	19,4
Montecarlo	155	19,1
Robusto Larga	152	21,4
Originale	142	17,9
Classic Corona	142	17,9
Corona	142	17,9
Rectangulare	142	17,9
Habana Club	139	16,7
*Tino	139	15,1
*Elegante	136	11,5
Reynita	127	15,1
Robusto	127	21,4
Robusto Zavalla	127	21,4
Rothschild	127	19,8
*Petit Lonsdale	117	17,1
Café au Lait	114	13,9

* Tripe dominicaine légère

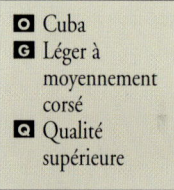

EL REY DEL MUNDO

Corona : Longueur 142 mm, Diamètre 17,9 mm

Café au Lait : Longueur 114 mm, Diamètre 13,9 mm

Flor del Mundo : Longueur 184 mm, Diamètre 21,4 mm

- Honduras
- Moyennement corsé à corsé
- Bonne construction

Excalibur

*L*ES EXCALIBUR sont les meilleurs Hoyo de Monterrey fabriqués par Villazon au Honduras avec des capes issues de graines cubaines (voir aussi à Hoyo de Monterrey). Ce sont des cigares de bonne construction, moyennement à bien corsés, parmi les meilleurs non cubains du marché. Aux États-Unis, ils portent l'emblème Hoyo de Monterrey, ainsi que la mention Excalibur au bas de la bague. En Europe, ils sont simplement vendus en tant qu'Excalibur. Essayez le N° II.

MODÈLES

Nom	Longueur (en mm)	Diamètre (en mm)
N° I	184	21,4
Banquet	171	21,4
N° II	171	18,6
N° III	155	19,8
N° V	155	17,4
N° IV	143	17,8
N° VI	136	15,1
N° VII	127	17
Miniatures	76	9,5

- Honduras
- Moyennement corsé à corsé
- Qualité supérieure

N° IV : Longueur 143 mm, Diamètre 17,8 mm

Felipe Gregorio

*V*OICI la vedette de Cigares du Honduras, une marque fondée en 1990. Tripe, capes et sous-capes proviennent de la vallée de Jamastran, au Honduras, et chaque cigare est fait exclusivement à partir de tabacs provenant d'une même *finca*, ce qui en fait des *puros*. Il faut noter que les feuilles de sous-capes sont d'une qualité égale à celles des capes. Il existe six modules, tous de bonne construction.

MODÈLES

Nom	Longueur (en mm)	Diamètre (en mm)
Glorioso	196	19,8
Suntuoso	177	19,1
Belicoso	152	torpedo
Robusto	127	20,6
Sereno	146	16,7
Nino	108	17,5

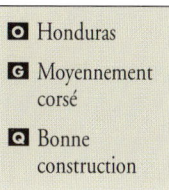

- Honduras
- Moyennement corsé
- Bonne construction

Robusto : Longueur 127 mm, Diamètre 20,6 mm

Fonseca

Les boîtes de Fonseca cubains arborent une image de la statue de la Liberté et du château de Morro, à la Havane, vestige d'une époque où les relations entre États-Unis et Cuba étaient moins tendues.

Depuis 1965, il existe aussi des Fonseca dominicains, dont les capes camerounaises ont été remplacées par des Connecticut claires. La tripe en est dominicaine, ce qui, en combinaison avec des sous-capes mexicaines, donne à ces beaux cigares une véritable douceur.

Les modules cubains sont tous emballés dans du papier blanc. Légers à moyennement corsés, ils ont une saveur légèrement salée.

MODÈLES DOMINICAINS

Nom	Longueur (en mm)	Diamètre (en mm)
#10-10	177	19,8
#7-9-9	165	18,3
#8-9-9	152	17,1
Triangular	139	22,2
#5-50	127	19,8
#2-2	108	15,9

MODÈLES CUBAINS

Nom	Longueur (en mm)	Diamètre (en mm)
N° 1	161	17,5
Cosacos	133	15,9
Invictos	133	17,9
Delicias	124	15,9
K.D.T. Cadetes	114	14,3

#10-10 : Longueur 177 mm, Diamètre 19,8 mm

FONSECA

K.D.T. Cadetes : Longueur 114 mm, Diamètre 14,3 mm

Cosacos : Longueur 133 mm, Diamètre 15,9 mm

N° 1 : Longueur 161 mm, Diamètre 17,5 mm

- République Dominicaine
- Léger
- Qualité supérieure

- Cuba
- Léger à moyennement corsé
- Bonne construction

Griffin's

Cette marque est l'enfant de Bernard H. Grobet, jadis assistant chez Davidoff et qui fut l'un des premiers en Europe à comprendre, voilà plus de dix ans, le formidable potentiel de la République Dominicaine. La fabrication et la commercialisation sont aujourd'hui passées dans le giron de Davidoff & Cie. Bien construits, les Griffin's ont fière allure dans leurs capes Connecticut claires. Leur saveur offre tout ce que l'on peut attendre de cigares dominicains et ils sont assez onéreux.

MODÈLES

Nom	Longueur (en mm)	Diamètre (en mm)
Prestige	203	19
N° 200	178	17,4
N° 100	178	15,1
N° 300	159	17,1
N° 400	152	15,1
N° 500	128	17,1
Robusto	127	19
Privilege	127	11,9

- République Dominicaine
- Léger à moyennement corsé
- Qualité supérieure

N° 300 : Longueur 159 mm, Diamètre 17,1 mm

HECHO A MANO

H. Upmann

Vers la fin des années 1830, les dirigeants de la banque londonienne Herman Upmann se dirent que l'ouverture de leur succursale de La Havane constituait le moyen rêvé de se procurer régulièrement de bons cigares. Ils demandèrent donc à s'en faire envoyer des boîtes. Le directeur cubain, trop heureux de les obliger, fit même graver les boîtes à l'emblème de la banque.

Ces cigares furent si appréciés de la City que leur importation devint un vrai commerce, et H. Upmann devint officiellement importateur en 1844. La banque a depuis longtemps disparu, mais son nom demeure l'un des plus prestigieux de La Havane. La maison appartenait à la famille Menendez avant la révolution.

C'est H. Upmann qui, dans les années trente, fut le premier à utiliser les tubes aluminium doublés de cèdre. Les boîtes portent les armes du roi Alphonse XII d'Espagne. L'un des modèles, le Sir Winston, se vend dans une boîte d'acajou vernie portant l'insigne H. Upmann doré à la feuille.

Les Upmann cubains sont légers à moyennement corsés, et très subtils. Il arrive qu'ils chauffent un peu, mais leur construction est généralement très satisfaisante. Convenant à un débutant, ils peuvent aussi être fumés après un repas léger. Il existe plus de trente modèles cubains, parfois assez peu différents les uns des autres. Certains modèles vendus en tubes, sous cellophane ou en bocaux de verre, sont faits à la machine, donc : prudence.

La Consolidated Cigar Corporation dominicaine commercialise aussi des cigares sous le nom d'Upmann. Avec leurs capes camerounaises et leur tripe sud-américaine, ce sont de très honorables cigares de bonne construction, doux à moyennement corsés, souvent *colorado*. Les douze modules disponibles en boîtes comprennent les Coronas Imperiales, Lonsdale, Corona, Petit Corona et Churchill. Six autres modèles sont vendus en tubes. Sur les Upmann dominicains, on peut lire « H. Upmann 1844 » et sur les cubains : « H. Upmann Habana ». Les modèles présentés ici sont les havanes les plus courants.

H. UPMANN

MODÈLES CUBAINS

Nom	Longueur (en mm)	Diamètre (en mm)
Monarchs	178	18,6
Monarcas (aussi appelé Sir Winston)	178	18,6
Lonsdale (et N° 1)	165	16,6
Upmann N° 2 (obus)	155	20,6
Grand Corona	146	16,6
Magnum	139	18,2
Corona	139	16,6
Royal Corona	139	16,6
Corona Major	130	16,6
Connoisseur N° 1 (robusto)	127	19
Petit Corona (et N° 4)	127	16,6
Corona Junior	114	16,6
Petit Upmann	114	14,3

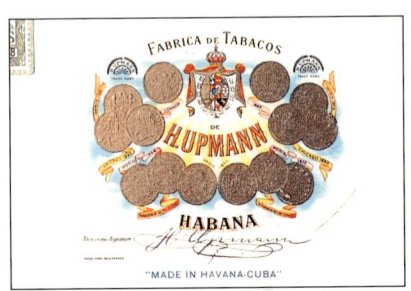

H. UPMANN

Upmann N° 2 (obus) : Longueur 155 mm, Diamètre 20,6 mm

Corona Major : Longueur 130 mm, Diamètre 16,6 mm

Lonsdale (et N° 1) : Longueur 165 mm, Diamètre 16,6 mm

- Cuba
- Léger
- Qualité supérieure

H. UPMANN

Pequeños N° 100 : Longueur 114 mm, Diamètre 19,8 mm

Corona : Longueur 139 mm, Diamètre 16,6 mm

Lonsdale : Longueur 165 mm, Diamètre 16,6 mm

- **O** République Dominicaine
- **G** Léger à moyennement corsé
- **Q** Bonne construction

Habana Gold

ES CIGARES existent en huit modules répartis sur trois gammes aux caractères bien distincts : Black Label, White Label et Sterling Vintage, cette dernière étant vivement recommandée. Ils sont tous roulés au Honduras, à partir de tripes et sous-capes nicaraguayennes – ce sont donc leurs capes qui font toute la différence. Celles des Black Label, indonésiennes, leur confèrent un arôme épicé. Les White Label sont roulés dans des capes nicaraguayennes au riche arôme chocolaté. Les Sterling Vintage, légers à moyennement corsés, doivent leur remarquable qualité à leurs capes équatoriennes.

MODÈLES

Nom	Longueur (en mm)	Diamètre (en mm)
Presidente	215	20,6
Double Corona	190	18,3
Churchill	177	20,6
N° 2	155	20,6
Torpedo	152	20,6
Corona	152	17,5
Robusto	127	19,8
Petit Corona	127	16,7

- Honduras
- Léger à moyennement corsé
- Qualité supérieure pour les Vintage

Habana Gold

Churchill : Longueur 177 mm, Diamètre 20,6 mm

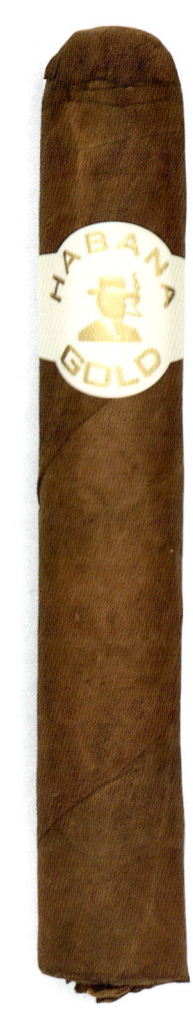

Robusto : Longueur 127 mm, Diamètre 19,8 mm

Churchill : Longueur 177 mm, Diamètre 20,6 mm

HABANICA

C'est en 1995 que Felipe Gregorio a lancé cette marque qui n'a pas encore atteint la notoriété de sa grande sœur, Petrus (voir plus loin). Ses belles capes sombres, huileuses et son arôme un peu sucré lui ont pourtant valu des critiques très flatteuses. Les tabacs proviennent de la vallée de Jalapa, au Nicaragua.

Série 550 : Longueur 127 mm, Diamètre 19,8 mm

MODÈLES

Nom	Longueur (en mm)	Diamètre (en mm)
Série 747	177	18,7
Série 646	152	18,3
Série 638	152	15,1
Série 546	133	18,3
Série 550	127	19,8

- **O** Nicaragua
- **G** Léger à moyennement corsé
- **Q** Bonne construction

Henry Clay

$\mathcal{V}$oici l'une des plus prestigieuses marques de havanes, fondée au siècle dernier. Dans les années trente, la production fut délocalisée de Cuba à Trenton, dans le New Jersey ; elle s'effectue aujourd'hui en République Dominicaine. Il n'en existe que trois modules, moyennement corsés à corsés, aux capes brun moyen.

MODÈLES

Nom	Longueur (en mm)	Diamètre (en mm)
Breva Fina	165	19
Breva Conserva	143	18,2
Breva	140	16,6

- République Dominicaine
- Moyennement corsé à corsé
- Bonne construction

Henry Clay

Breva : Longueur 140 mm, Diamètre 16,6 mm

Breva Conserva : Longueur 143 mm, Diamètre 18,2 mm

Breva Fina : Longueur 165 mm, Diamètre 19 mm

Hoyo de Monterrey

Dans le village de San Juan y Martinez, on peut voir un vieux portail de fer forgé qui domine l'une des places et porte cette inscription : « Hoyo de Monterrey : José Gener, 1860 ». Derrière, s'étend l'une des plus prestigieuses plantations cubaines, spécialisée dans des tabacs pour sous-capes et tripe. C'est là que J. Gener débuta sa carrière de planteur de tabac, avant de fonder en 1865 sa propre marque : Hoyo de Monterrey.

Le Double Corona, fleuron de la maison, est devenu une précieuse monnaie d'échange chez les amateurs, pour qui en offrir à quelqu'un constitue un véritable gage d'amitié. La délicatesse de son arôme et sa richesse de goût témoignent du talent des employés de l'usine de La Corona, où il est fabriqué. Si l'on peut dire que les autres modules de la marque n'égalent pas ce héraut, il faut toutefois faire une exception pour les Epicure 1 et 2.

Ce que les Hoyo honduriens perdent en qualité de fabrication, ils le regagnent en arôme, véritables « expressos du cigare » qu'ils sont, particulièrement pour les plus gros comme les Rothschild et Governor. Il est évident que ce sont là des cigares faits par des gens qui savent apprécier le tabac.

MODÈLES CUBAINS

Nom	Longueur (en mm)	Diamètre (en mm)
Double Corona	190	19,4
Le Hoyo du gourmet	168	13,1
Le Hoyo des dieux	155	16,6
Le Hoyo du dauphin	152	15,1
Epicure N° 1	143	18,2
Jeanne d'Arc	143	13,9
Le Hoyo du roi	139	16,6
Corona	139	16,6
Le Hoyo du prince	127	15,9
Epicure N° 2	124	19,8
Margarita	120	10,3
Le Hoyo du député	107	15,1
Le Hoyo du maire	98	11,9

Il ne faut pas confondre les Hoyo honduriens avec la gamme des Excalibur (voir ci-avant). Ils font partie des meilleurs cigares qui soient et développent un arôme très distinct.

MODÈLES HONDURIENS

Nom	Longueur (en mm)	Diamètre (en mm)
Presidente	215	20,6
Sultan	184	21,4
Largo Elegantes	184	13,5
Cetros	177	17,1
Double Corona	158	19,1
N° 1	165	17,1
Churchill	158	17,4
Ambassador	158	17,5
Delights	158	14,7
Governors	155	19,8
Culebras	152	13,9
Coronas	143	17,9
Cafe Royales	143	17,1
Dreams	146	18,3
Petit	146	12,3
Super Hoyos	139	17,5
N° 55	133	17,1
Margaritas	133	11,5
Sabrosos	127	15,9
Rothschild	114	19,8
Demi-Tasse	101	15,5

Hoyo de Monterrey

Double Corona : Longueur 190 mm, Diamètre 19,4 mm

Corona : Longueur 139 mm, Diamètre 16,6 mm

Margarita : Longueur 120 mm, Diamètre 10,3 mm

- Cuba
- Léger
- Qualité supérieure

HOYO DE MONTERREY

Governor : Longueur 155 mm, Diamètre 19,8 mm

Rothschild : Longueur 114 mm, Diamètre 19,8 mm

Sultan : Longueur 184 mm, Diamètre 21,4 mm

- Honduras
- Moyennement corsé à corsé
- Bonne construction

J.R. Cigars

$\mathcal{L}$EW ROTHMAN est un vrai phénomène : son entreprise (vente par correspondance, détail et gros) représente en effet 40 % des ventes de cigares de qualité aux États-Unis.

Il a construit son empire en jouant les Robin des Bois contre les autres cigariers. Il connaît très exactement la valeur des cigares et refuse de les vendre au-dessus de leur prix. L'inconvénient en est que certains concurrents investissent dans le développement de cigares qui atteignent alors un coût que Lew ne peut accepter. Ses

J.R. ULTIMATE

Nom	Longueur (en mm)	Diamètre (en mm)
Estelo	215	20,6
Presidente	216	20,6
N° 10	209	18,7
Super Cetro	209	17
N° 1	184	21,4
Cetro	178	16,6
Palma Extra	174	15,1
Slims	174	13,9
Double Corona	171	19
N° 5	155	17,4
Padron	152	21,4
Toro	152	19,8
Corona	143	16,6
Petit Cetro	139	15,1
Habenella	127	11,1
Petit Corona	117	17
Rothschild	114	19,8

- Honduras
- Moyennement corsé à corsé
- Qualité supérieure

Intérieur de la boutique de cigares de J.R. Cigars, la plus grande du monde.

J.R. CIGARS

N° 1 : Longueur 184 mm, Diamètre 21,4 mm

Petit Corona : Longueur 117 mm, Diamètre 17 mm

Corona : Longueur 143 mm, Diamètre 16,6 mm

J.R. CIGARS

ventes ont toutefois profité de l'embellie du marché, aussi ne s'en soucie-t-il que peu.

Si vous cherchez avant tout le rapport qualité-prix, n'allez pas plus loin et commandez ses J.R. Ultimate, Special Coronas et Special Jamaicans.

SPECIAL CORONAS

Nom	Longueur (en mm)	Diamètre (en mm)
Pyramides	177	21,4
N° 754	177	21,4
N° 2	165	17,9
N° 54	152	21,4
N° 4	139	17,9

Lew Rothman, de J.R. Tobacco avec sa femme et associée LaVonda.

- ◉ République Dominicaine
- Ⓖ Léger à moyennement corsé
- ◉ Qualité supérieure

N° 754 : Longueur 177 mm, Diamètre 21,4 mm

J.R. CIGARS

Ces derniers, maintenant faits en République Dominicaine et roulés dans des capes Connecticut, sont les plus légers tant en corps qu'en prix. Les Special Coronas, également faits en République Dominicaine, utilisent des tabacs de quatre pays différents : cape et sous-cape équatoriennes, tripe brésilienne, hondurienne et dominicaine. D'un arôme légèrement plus riche, ils demeurent de légers à moyennement corsés.

Les Ultimate, fleurons de la maison, se sont vu adjoindre six nouveaux modules depuis la précédente édition de cet ouvrage. Fabriqués à San Pedro Sula (au Honduras) à partir d'un mélange régional roulé dans des capes nicaraguayennes *colorado*, ils tentent de se rapprocher des havanes, et leur corps généreux les place parmi les meilleurs honduriens.

Tous ces cigares de bonne construction manuelle devraient vous satisfaire.

Taille D : Longueur 152 mm, Diamètre 19,8 mm

SPECIAL JAMAICANS

Nom	Longueur (en mm)	Diamètre (en mm)
Rey del Rey	228	23,8
Mayfair	177	23,8
Pyramid	177	20,6
Nobles	177	19,8
Churchill	177	19,8
A	165	17,5
Fancytale Shape	165	17,1
Bonita Obsequio	152	19,8
D	152	19,8
B	152	17,5
C	139	17,5
Pica	127	12,7

◉ République Dominicaine
Ⓖ Léger
Ⓠ Qualité supérieure

JOSE BENITO

Ces cigares à cape camerounaise sombre, bien construits et moyennement corsés, sont faits en République Dominicaine. Ils sont vendus dans de belles boîtes de cèdre verni (l'énorme Magnum, d'un diamètre de 25,4 mm, l'un des meilleurs cigares qui soient, est vendu en boîte d'une unité). Grand choix de modèles.

MODÈLES

Nom	Longueur (en mm)	Diamètre (en mm)
Magnum	228	25,4
Presidente	197	19,8
Churchill	178	19,8
Corona	171	17
Panetela	171	15,1
Palma	152	17
Petite	139	15,1
Havanitos	127	14,3
Rothschild	114	19,8
Chico	101	14,3

- République Dominicaine
- Léger à moyennement corsé
- Qualité supérieure

Churchill : Longueur 178 mm, Diamètre 19,8 mm

JOYA DE NICARAGUA

*D*ANS LES ANNÉES soixante-dix, les cigares nicaraguayens étaient presque aussi cotés que les havanes. En détruisant les plantations, la guerre civile mit fin à cette situation.

Depuis 1990, les choses n'ont cessé de s'améliorer mais on ne retrouve pas une telle qualité du jour au lendemain. Alors que l'économie du pays connaît encore d'énormes difficultés, chaque année voit une légère amélioration de la production de cigares. L'arôme de sueur du début de la décennie a été éliminé par l'usage de tabacs plus vieillis, au profit du retour d'une note épicée, tandis que la qualité du roulage s'améliorait aussi.

MODÈLES

Nom	Longueur (en mm)	Diamètre (en mm)
Viajante	215	20,6
Presidente	203	21,4
Churchill	174	19,4
N° 5	174	13,9
N° 1	168	17,5
N° 10	165	17,1
Elegante	165	15,1
N° 6	152	20,6
Corona	143	19,1
National	139	17,5
Seleccion B	139	16,7
Petit Corona	127	16,7
Consul	114	20,2
N° 2	114	16,3
Piccolino	105	11,9

JOYA DE NICARAGUA

Petit Corona : Longueur 127 mm, Diamètre 16,7 mm

Elegante : Longueur 165 mm, Diamètre 15,1 mm

Churchill : Longueur 174 mm, Diamètre 19,4 mm

- Nicaragua
- Léger à moyennement corsé
- Bonne construction

Juan Clemente

Le Français Jean Clément a hispanisé son nom pour le bien de la marque de cigares dominicains qu'il a lancée en 1982. Roulés dans des capes Connecticut claires et utilisant des tabacs locaux pour la cape et la tripe, ils offrent un arôme léger et direct qui convient bien à la matinée. Leur tirage, parfois critiqué, semble s'améliorer. Les deux dernières années ont vu la naissance de six nouveaux modules, dont l'énorme Gargantua (333 mm) et le N° 5 de la Sélection Club, un Obelisco. Cas unique en son genre, la bague est placée en bas du cigare, ce qui permet de le protéger en son point le plus fragile. Inhabituel mais logique.

MODÈLES

Nom	Longueur (en mm)	Diamètre (en mm)
Gargantua	333	19,8
Gigante	228	19,8
Especiales	190	15,1
Club Selection N° 3	178	17,4
Churchill	174	18,2
Panetela	165	13,5
Club Selection N° 5	152	20,6
Club Selection N° 1	178	19,8
Grand Corona	152	16,6
Especiales N° 2	149	15,1
Club Selection N° 4	146	16,6
Corona	127	16,6
N° 530	127	11,9
Rothschild	124	19,8
Club Selection N° 2	114	18,2
Mini-cigare	103	8,8
Demi-Corona	101	15,9
Demi-Tasse	94	13,5

Club Selection N° 2 : Longueur 114 mm, Diamètre 18,2 mm

Juan Clemente

Club Selection N° 3 : Longueur 178 mm, Diamètre 17,4 mm

Demi-Corona : Longueur 101 mm, Diamètre 15,9 mm

Especiales : Longueur 190 mm, Diamètre 15,1 mm

- **O** République Dominicaine
- **G** Léger
- **Q** Laisse à désirer

Juan Lopez

(Flor de Juan Lopez)

CETTE VIEILLE MARQUE cubaine, peu distribuée aujourd'hui, ne produit plus beaucoup mais donne des cigares légers, plaisants pour un palais européen. Il n'en existe que cinq modèles, parfumés, tirant bien et très adaptés à la journée. On les trouve surtout en Espagne. La gamme se restreindra prochainement aux seuls Corona et Petit Corona.

MODÈLES

Nom	Longueur (en mm)	Diamètre (en mm)
Corona	149	16,6
Petit Corona	127	16,6
Placeras	127	13,5
Slimaranas	120	12,7
Patricias	114	15,9

Slimaranas : Longueur 120 mm, Diamètre 12,7 mm

- Cuba
- Léger
- Bonne construction

La Corona

Cette marque, jadis l'une des plus prestigieuses de la Havane, a vu sa production délocalisée vers Trenton (New Jersey) dans les années trente. Elle produit aujourd'hui encore une petite gamme de cigares de qualité, de légers à moyennement corsés, fabriqués en République Dominicaine par Consolidated Cigar Corporation. Les quelques havanes vendus sous ce nom ne sont pas de fabrication manuelle.

MODÈLES

Nom	Longueur (en mm)	Diamètre (en mm)
Directors	165	18,2
Aristocrats	155	14,3
Long Corona	154	17
Corona Chicas	139	16,7

- República Dominicaine
- Léger à moyennement corsé
- Bonne construction

Corona Chicas : Longueur 139 mm, Diamètre 16,7 mm

La Flor De Cano

CETTE MARQUE cubaine produit peu, aussi n'est-il pas facile de se procurer ses cigares. Sa petite gamme, composée de cigares légers et de haute qualité, est bien faite. Ce sont de bons cigares de débutants, qui peuvent aussi convenir pour la journée à un fumeur plus habitué, mais ils manquent de la force appréciée des grands fumeurs. La combustion est bonne, et nous recommandons spécialement les Corona. Ceux qui cherchent une certaine facilité seront comblés. Le Churchill Court (Short Churchill), le Gran Corona et le Diademas valent la peine d'être essayés, ce dernier tout spécialement par les amateurs des ex-Dom Pérignon de Davidoff qui ne veulent pas pousser jusqu'au Cohiba Esplendido. Méfiez-vous des nombreux modèles de fabrication mécanique !

- Cuba
- Léger
- Qualité supérieure

MODÈLES

Nom	Longueur (en mm)	Diamètre (en mm)
Diademas	178	18,6
Corona	127	16,6
Gran Corona	143	18,2
Short Churchill	124	19,8

Diademas : Longueur 178 mm, Diamètre 18,6 mm

La Gloria Cubana

Produite chez Partagas, spécialiste des cigares corsés, cette vieille marque avait disparu du marché mais fut ressuscitée voici une vingtaine d'années pour élargir la gamme de Partagas. Elle est vendue en boîtes de 8-9-8 vernies, mais risque de disparaître de certains pays tels que la Grande-Bretagne.

Ce sont là des cigares très épicés, assez poivrés et fortement aromatiques, dont la construction laisse parfois à désirer (pour les Lonsdale par exemple). Ils sont plus légers (plus raffinés diraient certains) que les Partagas d'appellation, tout en dégageant une fumée riche. La gamme, restreinte, comprend surtout des modèles longs.

Il existe aussi une production américaine de Gloria Cubana, dirigée à Miami par Ernesto Carillo. Les capes, sombres, sont équatoriennes, les sous-capes dominicaines et la tripe est un mélange de feuilles dominicaines, nicaraguayennes et équatoriennes. Ce sont des cigares corsés, très attirants, qui n'existent qu'en cinq modules, tous de gros diamètre.

MODÈLES CUBAINS

Nom	Longueur (en mm)	Diamètre (en mm)
Médaille d'Or 1	185	14,3
Tainos	178	18,6
Médaille d'Or 3	174	11,1
Médaille d'Or 2	170	17
Cetros	165	16,6
Sabrosas	155	16,6
Médaille d'Or 4	152	12,7
Tapados	138	16,6
Minutos	114	15,9

- Cuba
- Moyennement corsé à très corsé
- Qualité supérieure

LA GLORIA CUBANA

MODÈLES AMÉRICAINS

Nom	Longueur (en mm)	Diamètre (en mm)
Soberano	203	20,6
Charlemagne	184	21,4
Churchill	178	19,8
Torpedo	165	20,6
Wavell	127	19,8

- **○** États-Unis
- **G** Moyennement corsé à très corsé
- **○** Le nec plus ultra

Médaille d'Or 3 : Longueur 174 mm, Diamètre 11,1 mm

La Gloria Cubana

Médaille d'Or 4 : Longueur 152 mm, Diamètre 12,7 mm

Médaille d'Or 1 : Longueur 185 mm, Diamètre 14,3 mm

Médaille d'Or 2 : Longueur 170 mm, Diamètre 17 mm

Licenciados

Panetela : Longueur 177 mm, Diamètre 15,1 mm

Présente sur le marché depuis 1990, cette marque a choisi pour emblème la calèche et les parchemins qui ornaient jadis les Diplomaticos. La tripe, dominicaine, est habillée d'une cape Connecticut shade pour la gamme principale et Connecticut broadleaf pour la série des Supreme. Le Wavell (un Robusto) existe avec les deux types de cape. Fort doux, ces cigares dominicains offrent un bon rapport qualité-prix.

MODÈLES

Nom	Longueur (en mm)	Diamètre (en mm)
Soberano	215	20,6
Presidente	203	19,8
Churchill	177	19,8
Panetela	177	15,1
Excelente	171	17,1
Toro	152	19,8
Licenciados N° 4	149	17,1
Wavell	127	19,8
HEMINGWAY		
500	203	19,8
300	171	17,1
400	152	19,8
200	146	17,1

- République Dominicaine
- Léger
- Qualité supérieure

Macanudo

CETTE MARQUE, fondée à la Jamaïque en 1868, est maintenant fabriquée à la Jamaïque et en République Dominicaine par la General Cigar, sous la direction de Benjamin Menendez. Le mélange est le même dans les deux pays : cape Connecticut, sous-cape de la région de San Andres (Mexique) et mélange de tabacs jamaïcains, mexicains et dominicains pour la tripe.

Toujours de bonne construction, ces beaux cigares sont parmi les plus doux et légers du marché. Le mot *macanudo* signifie d'ailleurs « raffiné » en espagnol familier : cette appellation leur convient tout à fait.

Il en existe de nombreux modules, dont certains sont disponibles en plusieurs teintes de cape (en particulier pour les plus gros) : café (Connecticut), jade (cape double *claro,* verte) et *maduro (*au goût de noix plus plein et légèrement sucré). Les Hampton Court et Portofino se vendent dans d'élégants tubes d'aluminium. Les Claybourne et Prince Philip sont faits en République Dominicaine, mais tous les autres modèles sont jamaïcains. Les Macanudo sont chers – l'emploi d'une cape Connecticut y est pour quelque chose. Ils ne sont en principe pas emballés sous cellophane. On pourrait leur reprocher d'être un peu justes en arôme, mais ils conviennent parfaitement à la journée ou à un repas léger. Les Macanudo Vintage, plus corsés mais aussi plus coûteux, visent un public de connaisseurs.

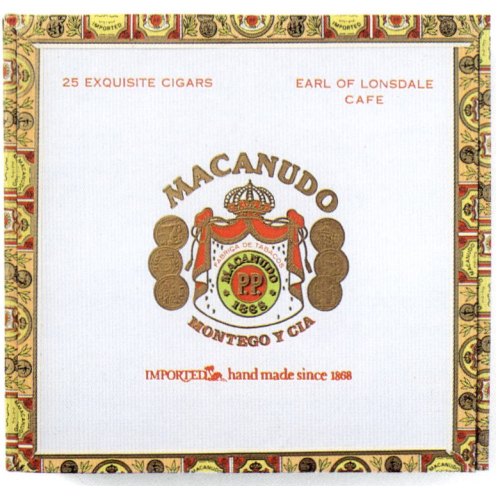

MACANUDO

MODÈLES

Nom	Longueur (en mm)	Diamètre (en mm)
Duke of Wellington	216	15,1
Prince Philip	190	19,4
Vintage N° I	190	19,4
Sovereign	178	17,8
Somerset	178	13,5
Portofino	178	13,5
Earl of Lonsdale	171	15,1
Vintage N° II	167	17
Baron de Rothschild	165	16,6
Amatista	159	16,6
Claybourne	152	12,3
Hampton Court	146	17
Vintage N° III	153	17
Hyde Park	139	19,4
Duke of Devon	139	16,6
Lord Claridge	139	15,1
Quill	133	11,1
Petit Corona	127	15,1
Vintage N° IV	114	18,6
Ascot	103	14,3
Caviar	101	14,3

Macanudo

Vintage N° 1 : Longueur 190 mm, Diamètre 19,4 mm

Duke of Devon : Longueur 139 mm, Diamètre 16,6 mm

Claybourne : Longueur 152 mm, Diamètre 12,3 mm

- Jamaïque
- Léger
- Qualité supérieure

MACANUDO

Hyde Park : Longueur 139 mm, Diamètre 19,4 mm

Portofino : Longueur 178 mm, Diamètre 13,5 mm

Prince Philip : Longueur 190 mm, Diamètre 19,4 mm

- **O** République Dominicaine
- **G** Léger
- **Q** Qualité supérieure

Matacan

CETTE MARQUE mexicaine est fabriquée par la Consolidated Cigar Corporation, qui produit aussi les Te-Amo, dans la vallée de San Andres. Les capes sont brun clair et *maduro*. De bonne construction, ces cigares sont roulés moins serrés que les Te-Amo, mais les capes sont tout aussi grossières. Ils tirent bien et dégagent une saveur épicée, légèrement sucrée, moyennement corsée à corsée tout en n'étant pas trop marquée. Bien que moins chers que les Te-Amo, ils leur sont plutôt supérieurs. Essayez le N° 7 !

MODÈLES

Nom	Longueur (en mm)	Diamètre (en mm)
N° 8	203	20,6
N° 1	190	19,8
N° 10	174	21,4
N° 3	168	18,2
N° 4	168	16,6
N° 6	168	13,9
N° 2	152	19,8
N° 5	152	16,6
N° 9	127	12,7
N° 7	120	19,8

- Mexique
- Moyennement corsé à corsé
- Bonne construction

N° 8 : Longueur 203 mm, Diamètre 20,6 mm

Mocha Supreme

Ces cigares honduriens sont roulés dans des capes issues de graines cubaines. De bonne construction, ils ne sont pas très chers pour des cigares vendus en boîte. De moyennement corsés à corsés, ils sont toutefois plus légers que nombre de honduriens et dégagent une note boisée.

MODÈLES

Nom	Longueur (en mm)	Diamètre (en mm)
Rembrandt	216	20,6
Patroon	190	19,8
Lord	165	16,6
Allegro	165	14,3
Renaissance	152	19,8
Sovereign	139	16,6
Baron de Rothschild	114	20,6
Petite	114	16,6

Allegro : Longueur 165 mm, Diamètre 14,3 mm

Mocha Supreme

Lord : Longueur 165 mm, Diamètre 16,6 mm

Patroon : Longueur 190 mm, Diamètre 19,8 mm

Baron de Rothschild : Longueur 114 mm, Diamètre 20,6 mm

- Honduras
- Moyennement corsé à corsé
- Bonne construction

Montecristo

*L*es Montecristo sont de loin les havanes les plus appréciés ; ils représentent la moitié des exportations cubaines de cigares. Lorsqu'Alonzo Menendez et Pepe Garcia débutèrent en 1935, ils ne comptaient pas se lancer dans une distribution à grande échelle et ne proposaient que cinq modules. Ils venaient de racheter H. Upmann, et leur première tâche fut d'en augmenter le volume de ventes. Les Montecristo furent à l'origine commercialisés à New York par Dunhill.

Le changement de nom (de H. Upmann Montecristo Selection à Montecristo tout simplement) est dû à une autre entreprise anglaise, John Hunter, qui entreprit de les distribuer au Royaume-Uni. Frankau, la maison concurrente qui détenait Upmann, désirait que Montecristo soit une marque à part entière. Et c'est ainsi que Hunter conçut la remarquable boîte rouge et jaune emblématique des Montecristo.

La guerre vint interrompre l'approvisionnement britannique en havanes, de sorte que la marque se développa alors aux États-Unis. Hitchcock, qui en était très friand, se débrouillait pour en faire parvenir des boîtes à ses amis britanniques qui souffraient du blocus.

La gamme s'agrandit après les hostilités, avec l'arrivée des Tubos.

Peu après l'accession de Castro au pouvoir, les familles Menendez et Garcia émigrèrent vers les Canaries ; c'est José Manuel Gonzalez, alias « Masinguila », qui assura la relève à Cuba. Réputé pour son savoir-faire ainsi que pour son exigence envers les rouleurs, il est à l'origine à la fois d'une telle régularité dans la qualité et de ce mélange unique.

Au début des années soixante-dix la gamme s'élargit avec l'avènement du Montecristo A et des Laguita (Cohiba) N° 1, N° 2 et N° 3, qui devinrent les Especial, Especial N° 2 et Joyita. C'est alors que la marque prit son véritable essor.

Une telle augmentation de la production ne va pas sans poser des problèmes de régularité de la qualité. Le marché espagnol, gros consommateur de Montecristo, en souffrit quelque peu, jusqu'à ce qu'un conflit commercial opposant Tabacalera (monopole espagnol des tabacs) et Cubatabaco aboutisse à l'interruption des importations.

Il semble que le conflit ait été résolu en Espagne sinon en France, ce qui n'est en rien lié à l'arrivée d'une gamme de Montecristo dominicains sur le marché américain.

Les Montecristo, roulés dans leurs fameuses capes *colorado-claro* légèrement huileuses, offrent un arôme incomparable, légèrement piquant. De nombreux amateurs considèrent qu'il est difficile de faire mieux que le N° 1 (un Cervantes).

MONTECRISTO

Montecristo

MODÈLES

Nom	Longueur (en mm)	Diamètre (en mm)
A	235	18,6
Especial	190	15,1
N° 1	165	16,6
N° 2	155	20,6
Tubos	152	16,6
Especial N° 2	152	15,1
N° 3	139	16,6
Petit Tubos	127	16,6
N° 4	127	16,6
Joyitas	114	10,3
N° 5	101	15,9

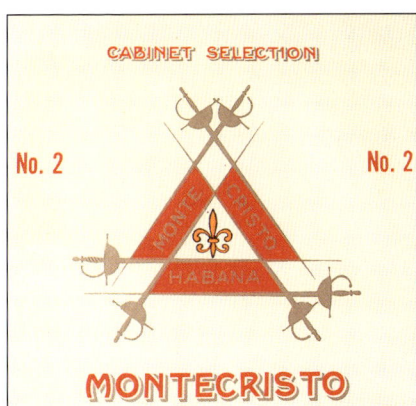

Especial N° 2 : Longueur 152 mm, Diamètre 15,1 mm

MONTECRISTO

N° 2 : Longueur 155 mm, Diamètre 20,6 mm

Tubos : Longueur 152 mm, Diamètre 16,6 mm

N° 5 : Longueur 101 mm, Diamètre 15,9 mm

- Cuba
- Moyennement corsé à corsé
- Qualité supérieure

Montecruz

$\mathcal{L}$ORSQUE les Menendez, anciens propriétaires des Montecristo, lancèrent leur nouvelle production depuis les Canaries après avoir fui Cuba, ils la baptisèrent Montecruz. Ces cigares étaient alors faits d'une tripe dominicaine et brésilienne roulée dans des capes camerounaises. Ils sont maintenant fabriqués par la Consolidated Cigar Corporation à La Romana (République Dominicaine) et utilisent des capes camerounaises brun moyen et sombre. Très bien faits, de moyennement corsés à corsés, ils dégagent un goût et un bouquet très typiques et existent en nombreux modules différents. L'assortiment dit « boîte nature », fait de cigares bien vieillis, est très riche. Montecruz fabrique aussi pour Dunhill une gamme plus légère, aux étiquettes légèrement différentes et roulés dans des capes Connecticut plus claires. Certains correspondent aux modules Montecruz originaux.

Montecruz

MODÈLES

Nom	Longueur (en mm)	Diamètre (en mm)
Indivuales	203	19,8
N° 200	184	18,2
N° 205	178	16,6
N° 255	178	14,3
N° 280	178	13,1
Colossus	165	19,8
N° 210	165	16,6
N° 250	165	15,1
N° 201	155	15,1
Tubulares	155	14,3
Tubos	152	16,7
N° 276	152	12,7
N° 281	152	13,1
Seniors	146	13,9
N° 220	139	16,6
N° 265	139	15,1
Juniors	124	13,1
Cedar-aged	127	16,6
N° 230	127	16,7
N° 282	127	16,6
N° 270	120	13,9
Robusto	114	19,4
Chicos	98	11,1

MONTECRUZ

N° 200 : Longueur 184 mm, Diamètre 18,2 mm

N° 210 : Longueur 165 mm, Diamètre 16,6 mm

N° 220 : Longueur 139 mm, Diamètre 16,6 mm

- **O** République Dominicaine
- **G** Moyennement corsé à corsé
- **Q** Qualité supérieure

Montecruz

N° 255 : Longueur 178 mm, Diamètre 14,3 mm

Tube Dunhill « Sun Grown »

Colossus : Longueur 165 mm, Diamètre 19,8 mm

Montesino

Les cigares moyennement corsés de cette gamme dominicaine, roulés dans des capes issues de graines cubaines, sont d'un brun moyen à sombre. Ils sont de bonne construction et d'un prix raisonnable pour leur qualité.

MODÈLES

Nom	Longueur (en mm)	Diamètre (en mm)
Napoléon Grande	178	18,2
N° 1	174	17
Gran Corona	171	19
Fumas	171	17,4
N° 3	171	14,3
N° 2	159	17,4
Diplomatico	139	16,6

- **O** République Dominicaine
- **G** Léger à moyennement corsé
- **Q** Bonne construction

N° 1 : Longueur 174 mm, Diamètre 17 mm

Nat Sherman

Le magasin Nat Sherman, au 500 de la Cinquième Avenue, est le temple des amateurs de cigares et de tabac. Fondé lors de la grande explosion des ventes des années trente et quarante, il vendait alors des cigarettes de grande classe et entretenait d'excellents rapports avec la Havane.

Joel Sherman, le gérant actuel, a su anticiper l'envolée du marché dès 1990 en lançant quatre gammes de cigares, tous faits en République dominicaine mais dans lesquels entrent des mélanges différents. Une nouvelle gamme a vu le jour depuis lors.

Viennent d'abord les Exchange, au nombre desquels figure l'incontournable N° 8 (un Lonsdale). Le mélange provient de quatre pays différents et utilise certaines des plus claires Connecticut. La saveur en est légère.

Habillés de capes camerounaises, les Landmark (Metropole, Algonquin, etc.) sont également issus d'un mélange en provenance de

La devanture de la boutique new-yorkaise de Nat Sherman ne manque pas d'allure.

NAT SHERMAN

quatre pays mais sont plus corsés, avec une note de chocolat pour couronner le tout.

Les quatre gros modules de la gamme des City Desk sont des *maduro* mexicains légèrement sucrés et d'une douceur inattendue.

À l'inverse, ceux de la gamme Gotha, roulés dans des capes Connecticut moyennes, dégagent un arôme étonnamment épicé et pourtant bien équilibré. La dernière-née des gammes de Sherman, celle des Metropolitan, comprend cinq modules d'un mélange riche et remarquablement équilibré.

Chaque gamme se distingue par la couleur de la bague sur laquelle se détache la pendule emblématique de la maison. Laissez-vous tenter par les Gotham.

- **O** République Dominicaine
- **G** Dépend de la gamme
- **Q** Qualité supérieure

Chelsea : Longueur 165 mm, Diamètre 15,1 mm

Nat Sherman

MODÈLES

Nom	Longueur (en mm)	Diamètre (en mm)
GOTHAM		
500	177	19,8
1400	158	17,5
711	152	19,8
65	152	14,3
CITY DESK		
Tribune	190	19,8
Dispatch	165	18,3
Telegraph	152	19,8
Gazette	152	16,7
LANDMARK		
Dakota	190	19,4
Algonquin	171	17,1
Metropole	152	13,5
Hampshire	139	16,7
Vanderbilt	127	18,7
EXCHANGE		
Oxford 5	177	19,4
Butterfield 8	165	16,7
Trafalgar 4	152	18,7
Murray 7	152	15,1
Academy 2	127	12,3
MANHATTAN		
Gramercy	171	17,1
Chelsea	165	15,1
Tribeca	152	12,3
Sutton	146	19,4
Beekman	133	11,1

Gotham 500 : Longueur 177 mm, Diamètre 19,8 mm

Nat Sherman

City Desk Telegraph : Longueur 152 mm, Diamètre 19,8 mm

Landmark Vanderbilt : Longueur 127 mm, Diamètre 18,7 mm

Exchange Murray 7 : Longueur 152 mm, Diamètre 15,1 mm

OSCAR

CES CIGARES dominicains, d'une compacité régulière, sont habillés d'élégantes capes Connecticut claires. Tripe et sous-capes sont faites d'un mélange léger à moyennement corsé de tabacs du pays. Présents sur le marché depuis dix ans, ils ont profité de l'amélioration générale des dominicains. La gamme, qui peut répondre à tous les goûts et besoins, voit se côtoyer de petits modules et de vrais géants.

MODÈLES

Nom	Longueur (en mm)	Diamètre (en mm)
Don Oscar	228	18,3
Supreme	203	19,1
# 700	177	21,4
# 200	177	17,5
# 100	177	15,1
# 300	158	17,5
# 400	152	15,1
# 500	139	19,8
Prince	127	11,9
# 600	114	19,8
N° 800	101	16,7
Oscarito	101	8

- **◯** République Dominicaine
- **G** Moyennement corsé à corsé
- **◯** Bonne construction

#500 : Longueur 139 mm, Diamètre 19,8 mm

PADRON

*F*ONDÉE à Miami par José O. Padron, cette marque produit des cigares de qualité depuis 1964 et englobe deux entreprises : Tabacos Cubanica SA au Nicaragua et Tabacos Centroamericanos SA au Honduras. Padron Cigars est l'un des rares fabricants qui gère toutes les étapes de sa production.

- Nicaragua/Honduras
- Moyennement corsé à corsé
- Bonne construction

3000 : Longueur 139 mm, Diamètre 20,6 mm

MODÈLES

Nom	Longueur (en mm)	Diamètre (en mm)
Magnum	228	19,8
Grand Reserve	203	16,3
Executive	190	19,8
Churchill	174	18,3
Ambassador	174	16,7
Panetela	174	14,3
Palmas	156	16,7
3000	139	20,6
Londres	139	16,7
Chicos	139	14,3
2000	127	19,8
Delicias	123	18,3

Padron

On y tient plus à la qualité qu'à la quantité, ainsi qu'en témoignent les deux gammes de la marque. Les Padron (actuellement disponibles en douze modules à capes naturelles ou *maduro*) sont de bonne construction et de corps léger à moyennement corsé. La gamme dite « Anniversaire 1964 » comprend moins de modules. Tout le tabac, d'origine nicaraguayenne, est vieilli au moins quatre ans. Ce cigare moyennement corsé dégage une légère note de terre.

- Nicaragua/Honduras
- Moyennement corsé
- Qualité supérieure

Exclusivo : Longueur 139 mm, Diamètre 19,8 mm

MODÈLES « ANNIVERSAIRE 1964 »

Nom	Longueur (en mm)	Diamètre (en mm)
Diplomatico	177	19,8
Pyramid	174	16,7/20,6
Monarca	165	18,3
Superior	165	16,7
Corona	152	16,7
Exclusivo	139	19,8

PARTAGAS

*P*ARTAGAS, fondée en 1843 par Jaime Partagas, est l'une des plus vieilles maisons de La Havane. La vieille usine est toujours là, près du Capitole (un bâtiment copié sur celui du Congrès américain). La diversité des Partagas disponibles (quarante modules différents) contribue à leur réputation. Il existe aussi des Partagas dominicains, roulés dans des capes camerounaises issues de graines cubaines sous la supervision de Benjamin Menendez et Ramon Cifuentes, rejetons des grandes dynasties cigarières. C'est General Cigar qui en est propriétaire. Les étiquettes se différencient par la présence du mot Habana sur les Partagas cubains, là où les Dominicains portent l'année 1845.

Cette marque, qui connut son heure de gloire dans l'entre-deux-guerres, figure même nommément dans *Retour à Brideshead* du romancier anglais cigarophile Evelyn Waugh.

La qualité des Partagas est irrégulière. Il en existe d'excellents dans les gros modules, mais les plus petits, souvent mal faits, tirent

MODÈLES

Nom	Longueur (en mm)	Diamètre (en mm)
Lusitanias	193	19,4
Churchill De Luxe	178	18,6
Palmas Grandes	178	13,1
Partagas de Partagas N° 1	170	17
Seleccion Privada N° 1	170	17
8-9-8	170	17
Corona Grande	152	16,6
Culebras (tressé)	151	15,5
Corona	139	16,6
Charlotte	139	13,9
Petit Corona	127	16,6
Série D N° 4	124	19,8
Très Petit Corona	114	15,9
Shorts	109	16,6

assez mal, ce qui est surtout vrai de ceux faits en machine (le Belvederes est également pauvre en saveur). Il convient en revanche de signaler que les Partagas dégagent en règle générale un arôme agréable et vieillissent bien. Le Lusitania (un double corona) est de bonne construction, bien que sa souplesse ne plaise pas à tous ; il dégage un excellent bouquet et une saveur légèrement sucrée mais bien pleine. On peut en dire autant du Churchill de Luxe. Le Seleccion Privada N° 1 (un long panetela) est aussi très acceptable, de même que le 8-9-8 (qui est en fait un Lonsdale un peu allongé). On aime bien la cape et la saveur corsée du Corona. Le Petit Corona brûle un peu vite mais il est agréable. Le Série D N° 4 *(robusto)* convient bien à la fin d'un gros repas, bien qu'il laisse un arrière-goût un peu amer. Les Partagas dominicains faits à la main, de bonne construction, pèchent parfois par la qualité de leurs capes, en particulier pour les plus gros modules. Les meilleurs sont des cigares excellents mais un peu chers. Ils sont le plus souvent roulés dans des capes *colorado,* mais il existe aussi un *maduro* de 158,7 mm de longueur pour un diamètre de 18,6.

On peut trouver quatorze modules différents de Partagas dominicains, légèrement sucrés et moyennement corsés à corsés.

**Ernesto Lopez,
directeur de Partagas
à La Havane.**

PARTAGAS

Série D N° 4 : Longueur 124 mm, Diamètre 19,8 mm

Corona : Longueur 139 mm, Diamètre 16,6 mm

Shorts : Longueur 109 mm, Diamètre 16,6 mm

- **O** Cuba
- **G** Très corsé
- **Q** Qualité supérieure

PARTAGAS

MODÈLES DOMINICAINS

Nom	Longueur (en mm)	Diamètre (en mm)
N° 10	190	19,4
Tubos	177	19,4
8-9-8	173	17,4
Limited Reserve Royale	171	17
N° 1	170	17
Humitube	171	17,1
Limited Reserve Regale	159	18,6
Maduro	159	18,6
Almirantes	158	18,7
N° 6	152	13,5
Sabroso	149	17,5
N° 2	146	17,1
Naturales	139	19,8
N° 3	133	17,1
N° 5	133	11,1
N° 4	127	15,1
Purito	103	12,7

- ◉ République Dominicaine
- ◉ Moyennement corsé à corsé
- ◉ Qualité supérieure

Limited Reserve Royale : Longueur 171 mm, Diamètre 17 mm

Paul Garmirian

Corona : Longueur 139 mm, Diamètre 16,6 mm

LES CIGARES de Paul Garmirian sont parmi les meilleurs qui soient, tout au moins en dehors des havanes. Garmirian, titulaire d'un doctorat en politique internationale, agent immobilier et auteur du *Gourmet Guide to Cigars*, décida en 1991 de mettre à profit ses trente années d'expérience des cigares pour lancer sa propre marque.

Fabriqués en quantité limitée, les cigares de P. Garmirian sont roulés en République Dominicaine dans des capes *colorado* brun sombre ou rougeâtre et légèrement huileuses. De bonne construction, ils offrent un bouquet subtil mais très présent, un tirage lent et régulier et sont moyennement corsés. Leur arôme, d'une agréable suavité, gagne en richesse en cours de fumage. D'une qualité supérieure, ils peuvent rivaliser avec nombre de havanes. Le Lonsdale est assez représentatif de l'ensemble. Sept nouveaux modules ont vu le jour depuis la première édition de cet ouvrage, le plus récent étant l'Especial.

- République Dominicaine
- Moyennement corsé à corsé
- Qualité supérieure

PAUL GARMIRIAN

MODÈLES

Nom	Longueur (en mm)	Diamètre (en mm)
Celebration	228	19,8
Double Corona	193	19,8
N° 1	165	15,1
Churchill	178	19
Belicoso	165	20,6
Corona Grande	165	18,2
Lonsdale	165	16,6
Connoisseur	152	19,8
Especial	146	15,1
Belicoso Fino	139	20,6
Epicure	139	19,8
Corona	139	16,6
Robusto	127	19,8
Petit Corona	127	17,1
N° 2	120	19
Petit Bouquet	114	15,1
N° 5	101	15,9
Bombones	89	17,1

Churchill : Longueur 178 mm, Diamètre 19 mm

PAUL GARMIRIAN

N° 2 : Longueur 120 mm, Diamètre 19 mm

Belicoso : Longueur 165 mm, Diamètre 20,6 mm

Celebration : Longueur 228 mm, Diamètre 19,8 mm

Petrus

Cette marque s'est attirée les faveurs de la critique et du public dès son lancement en 1990. Fabriqués au Honduras par La Flor de Copan, voici des cigares légers (tripe et sous-capes honduriennes, capes issues de graines de Connecticut poussées en Équateur) qui offrent une note boisée. Il en existe treize modules, d'un prix raisonnable. 1997 fut l'année du lancement d'un module en production limitée, Étiquette Rouge, fait d'un mélange de tabacs dominicains, honduriens et nicaraguayens.

Rothschild : Longueur 120 mm, Diamètre 19,8 mm

MODÈLES

Nom	Longueur (en mm)	Diamètre (en mm)
Lord Byron	203	15,1
Double Corona	196	19,8
Churchill	177	19,8
N° 2	158	17,5
N° 3	152	19,8
Palma Fina	152	15,1
N° 4	149	15,1
Corona Sublime	139	18,3
Antonius	127	torpedo
Gregorius	127	16,7
Rothschild	120	19,8
Chantaco	120	13,9
Duchess	114	11,9

- Honduras
- Léger
- Bonne construction

PLÉIADES

*T*RÈS ÉLÉGANTS, ces légers cigares dominicains aux capes Connecticut tirent bien et offrent un bon arôme. Il s'agit d'une marque de la Seita : après avoir été roulés aux Caraïbes, ils sont expédiés à Strasbourg, où ils sont placés dans des boîtes munies d'un système d'humidification original avant d'être redistribués vers le reste de l'Europe et les États-Unis.

MODÈLES

Nom	Longueur (en mm)	Diamètre (en mm)
Aldebran	216	19,8
Saturne	203	18,2
Neptune	190	16,6
Sirius	174	18,2
Uranus	174	13,5
Orion	146	16,6
Antares	139	15,9
Vénus	130	11,1
Pluton	127	19,8
Perseus	127	13,5
Mars	127	11,1

- ◉ République Dominicaine
- ◉ Léger
- ◉ Bonne construction

Uranus : Longueur 174 mm, Diamètre 13,5 mm

Pléiades

Orion : Longueur 146 mm, Diamètre 16,6 mm

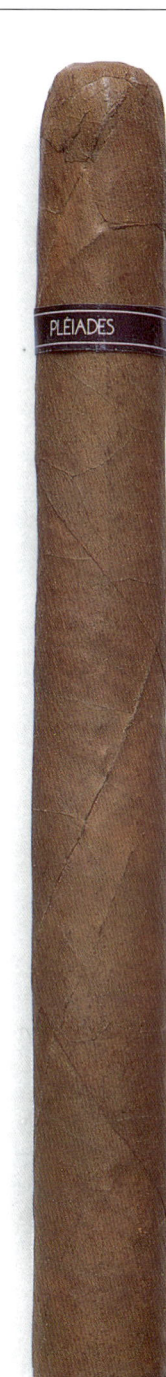

Sirius : Longueur 174 mm, Diamètre 18,2 mm

Aldebran : Longueur 216 mm, Diamètre 19,8 mm

POR LARRANAGA

*F*ONDÉE en 1834, Por Larranaga, même si elle n'est plus parmi les plus réputées, est la plus vieille maison encore en exercice. La production étant limitée, ses cigares, difficiles à trouver, sont très recherchés par les amateurs de l'arôme traditionnel des havanes. On ne compte qu'une douzaine de modèles faits à la main. Ceux faits à la machine ont parfois les mêmes dimensions que certains des modèles fait main (mais pas la même qualité).

Ce sont de bons cigares pour les amoureux des saveurs riches. Leur bague dorée leur confère une certaine distinction. Ils sont souvent riches et aromatiques, avec une saveur puissante et assez sucrée et un arôme plutôt moins prononcé que chez d'autres marques du même type, comme Partagas. Le Lonsdale et le Corona sont aussi bons que la plupart de leurs concurrents.

Il existe aussi d'excellents cigares dominicains utilisant le même nom. Roulés dans des capes Connecticut, avec une tripe dominicaine et brésilienne et des sous-capes dominicaines, ils sont de très bonne construction et fort savoureux, en particulier le Fabuloso (178 mm, diamètre de 19,8), qui est en fait un Churchill.

MODÈLES CUBAINS

Nom	Longueur (en mm)	Diamètre (en mm)
Lonsdale	165	16,6
Corona	139	16,6
Petit Corona	127	16,6
Small Corona	114	15,9

POR LARRAÑAGA

Fabuloso : Longueur 178 mm, Diamètre 19,8 mm

Robusto : Longueur 127 mm, Diamètre 19,8 mm

Corona : Longueur 139 mm, Diamètre 16,6 mm

- ◉ République Dominicaine
- ◉ Léger à moyennement corsé
- ◉ Qualité supérieure

- ◉ Cuba
- ◉ Moyennement corsé à corsé
- ◉ Qualité supérieure

Primo Del Rey

*L*A GAMME principale de cette marque dominicaine, propriété de la Consolidated Cigar Corporation, comprend des Candela (double *claro*), Claro (naturel) et Colorado (capes brun moyen) habillés d'une bague blanche et marron qui rappelle celles des Montecristo. La gamme dite Club Selection ne comprend que quatre modules distingués par leur bague rouge, or et blanc. Ils sont de très bonne construction.

Primo Del Rey

MODÈLES

Nom	Longueur (en mm)	Diamètre (en mm)
Barons	216	20,6
Aguillas	203	20,6
Soberanos	190	19,8
Regals	178	19,8
Aristocrats	173	19
Presidentes	173	17,4
Seleccion N° 1	173	16,6
Seleccion N° 3	173	14,3
Chavon	165	16,2
Churchill	165	16,2
Nobles	135	17,4
Seleccion N° 2	159	16,6
Cazadores	155	16,6
Reales	155	14,3
Almirantes	152	19,8
Panetela Extra	135	13,5
Seleccion N° 4	139	16,6
Panetela	135	13,5
N° 100	114	19,8
Cortos	101	11,1

Regals : Longueur 178 mm, Diamètre 19,8 mm

PRIMO DEL REY

Soberanos : Longueur 190 mm, Diamètre 19,8 mm

N° 100 : Longueur 114 mm, Diamètre 19,8 mm

Almirantes : Longueur 152 mm, Diamètre 19,8 mm

- République Dominicaine
- Léger à moyennement corsé
- Qualité supérieure

PUNCH

C'est à ses prix modiques que cette marque cubaine très connue et bien distribuée doit son succès auprès des fumeurs occasionnels et des débutants, ainsi que le léger mépris dans lequel la tiennent les snobs (et ce sans raison valable). La plupart des modules (et ils sont nombreux) sont faits à l'usine de La Corona et existent en version manuelle et mécanique. Quant aux Exquisitos et Palmas Reales, ils sont uniquement de fabrication mécanique.

Cette marque, la deuxième plus ancienne de celles encore en activité, fut fondée en 1840 par Manuel Lopez, qui entendait s'attaquer au marché britannique et profiter de la célébrité d'un magazine satirique éponyme.

Il existe aussi trois gammes de Punch honduriens : Punch, Delux et Gran Cru, tous cigares d'excellente fabrication. Les modules de la première sont représentatifs de la production hon-

MODÈLES CUBAINS

Nom	Longueur (en mm)	Diamètre (en mm)
Double Corona	193	19,4
Churchill	178	18,6
Panetelas Grandes	177	13,1
Punch Punch	139	18,2
Corona	143	16,6
Royal Coronations	139	16,7
Petit Corona	127	16,6
Coronations	127	16,7
Margarita	121	10,3
Petit Coronations	114	15,9
Coronets	114	13,5
Punchinellos	114	13,5
Très Petit Coronas	102	16,7
Petit Punch	101	15,9

durienne : directs et assez corsés. Les deux autres gammes présentent une délicatesse de goût qui laisse deviner un vieillissement non négligeable des tabacs. C'est au talent de Frank Llaneza (de Villazon) que l'on doit cette réussite.

Une production d'une telle diversité ne peut être d'une qualité homogène, mais on peut avoir toute confiance dans les plus gros modèles comme le Double Corona : bouquet très présent, net arôme épicé, corps marqué mais pas trop plein, bonne construction. Attention : certains modules peuvent changer de nom selon le pays : le célèbre Punch Punch se vend aussi sous les noms de Royal Selection N° 11 ou Seleccion de Luxe N° 1 et même le Petit Corona del Punch peut se rencontrer sous les noms de Seleccion de Luxe N° 2 ou Presidente. Un détaillant digne de confiance saura vous guider dans ce dédale.

MODÈLES HONDURIENS

Nom	Longueur (en mm)	Diamètre (en mm)
Presidente	217	16,6
Château Lafitte	184	20,6
Grand Diademas	181	20,6
Diademas	181	20,6
Elegante	181	14,3
Casa Grande	178	18,2
Monarcas	171	19
Double Corona	168	19
Château Corona	165	17,4
N° 1	165	16,6
Bristol	159	19,8
Britania Delux	159	19,8
Punch	155	17
Superiores Delux	143	18,2
Château Margaux	143	18,2
N° 75	139	17
Superior	127	19,8
Rothschild	114	19

- Honduras
- Léger à moyennement corsé
- Qualité supérieure

PUNCH

Double Corona : Longueur 193 mm, Diamètre 19,4 mm

Petit Corona : Longueur 127 mm, Diamètre 16,6 mm

Presidente : Longueur 215 mm, Diamètre 16,6 mm

- Cuba
- Léger à moyennement corsé
- Qualité supérieure

PUNCH

Superiores Delux : Longueur 143 mm, Diamètre 18,2 mm

Britania Delux : Longueur 159 mm, Diamètre 19,8 mm

Monarcas : Longueur 171 mm, Diamètre 19 mm

Quintero

Cette marque cubaine se distingue en ce qu'elle naquit dans la ville de Cienfuegos. Augustin Quintero et ses quatre frères ouvrirent un petit *chinchal* (atelier de cigares) vers le milieu des années vingt. Dès 1940, leur réputation était telle qu'elle leur permit de s'installer à La Havane et de lancer une marque à leur nom, n'utilisant que des tabacs de la Vuelta Abajo. Il existe aujourd'hui des modèles de fabrication mécanique, aussi veillez bien à ce que les boîtes portent l'inscription « Totalmente a mano ». Le Churchill est en fait un Lonsdale (Cervantes) qui devrait satisfaire les amateurs de cigares légers. L'ensemble de la gamme n'est pas trop corsé.

Panetela : Longueur 127 mm, Diamètre 14,7 mm

MODÈLES

Nom	Longueur (en mm)	Diamètre (en mm)
Churchill	165	16,7
Corona	158	16,7
Nacionales	158	15,9
Panetelas	127	14,7
Tubulares	127	14,7
Londres Extra	127	15,9
Puritos	108	11,5

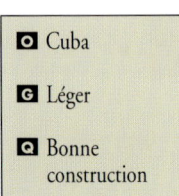

- Cuba
- Léger
- Bonne construction

RAFAEL GONZALEZ

Les vrais fumeurs apprécient depuis longtemps ces havanes, parmi les meilleurs dans leur gamme de prix. Leurs boîtes, conçues à l'origine pour le marché britannique, portent le texte suivant : « Ces cigares ont été fabriqués avec un mélange spécial de purs tabacs de Vuelta Abajo sélectionnés par le marquis Rafael Gonzalez, Grand d'Espagne. Cette marque existe depuis plus de vingt ans. Pour que les connaisseurs en apprécient la saveur parfaite, ils doivent être fumés moins d'un mois après leur départ de La Havane ou bien vieillir un an dans de bonnes conditions. » L'intérieur du couvercle portait jadis un portrait de lord Lonsdale. Ils sont fabriqués par Romeo Y Julieta.

La saveur de ces cigares de premier choix est délicate et subtile, mais riche, et leur arôme, complexe, rappelle celui des Montecristo en plus léger. L'étiquette ressemble beaucoup à celle des Montecristo. De très bonne construction, ils brûlent bien. Le Corona Extra est particulièrement célèbre, de même que le Lonsdale. Le Cigarrito est une vraie réussite dans un module qui laisse souvent à désirer. Ce sont des cigares de grande classe, parmi les plus légers des havanes.

MODÈLES

Nom	Longueur (en mm)	Diamètre (en mm)
Slenderella	178	11,1
Lonsdale	165	16,6
Corona Extra	143	18,2
Petit Corona	127	16,6
Petit Lonsdale	127	16,6
Panetela Extra	127	14,6
Panetela	117	13,5
Très Petit Lonsdale	114	15,9
Cigarrito	114	10,3
Demi-Tasse	101	11,9

Rafael Gonzalez

Très Petit Lonsdale : Longueur 114 mm, Diamètre 15,9 mm

Petit Corona : Longueur 127 mm, Diamètre 16,6 mm

Lonsdale : Longueur 165 mm, Diamètre 16,6 mm

- Cuba
- Léger
- Le nec plus ultra

RAMON ALLONES

BIEN qu'assez peu connue, cette marque fondée en 1837 est très appréciée des connaisseurs. Elle fournit certains des meilleurs cigares corsés qui soient. Leur qualité les place dans le haut de la gamme des prix intermédiaires, derrière Cohiba, Montecristo et les anciens Davidoff, mais aux côtés de Upmann, Partagas et Romeo Y Julieta. La plupart des Ramon Allones sont faits à la main. Parmi les modèles roulés à la machine, on note les Belvederes, Mille Fleurs, Delgados et Toppers.

C'est Partagas qui fabrique les Ramon Allones depuis le rachat de la marque par Cifuentes, dans les années vingt. Elle est la première à avoir utilisé les boîtes 8-9-8.

Les armes de la boîte sont celles de la maison d'Espagne. Ramon Allones émigra d'Espagne vers Cuba et fut l'un des premiers à décorer ses boîtes de vistas.

Tous les cigares de cette gamme assez étendue sont corsés et de bonne construction, avec un arôme fort, comparable à ceux des Partagas, mais moins puissant que celui des Bolivar, fabriqués dans la même usine. Les petites tailles sont plus légères et roulées dans des capes plus claires. Riches en *ligero,* ce ne sont pas des cigares de débutant. Le Corona 8-9-8 convient bien au déjeuner, de même que les Coronas Gigantes, et les Churchill 8-9-8 conviennent à la soirée. Ces cigares vieillissent bien. Nous ne recommandons pas les Ramonitas, très minces.

On fabrique aussi de très bons Ramon Allones en République Dominicaine. Leur bague, au motif très semblable à celui des cubains, est de forme plus carrée et plus large. De très bonne construction, moyennement corsés à corsés, ils sont assez chers. La plupart des modules portent des noms de lettres. La marque dominicaine, produite par la General Cigar, est roulée dans des capes camerounaises moyennes à sombres. Les sous-capes sont mexicaines et la tripe est un mélange de tabacs dominicains, mexicains et jamaïcains. Les Crystals se vendent en tubes de verre.

MODÈLES CUBAINS

Nom	Longueur (en mm)	Diamètre (en mm)
Gigantes	190	19,4
8-9-8	170	17
Corona	143	16,6
Petit Corona	127	16,6
Panetela	127	13,9
Specially Selected	122	19,8
Ramonitas	122	10,3
Small Club Coronas	109	16,6

MODÈLES DOMINICAINS

Nom	Longueur (en mm)	Diamètre (en mm)
Redondos	178	19,4
A	178	17,8
Trumps	171	17
Crystals	171	17
B	165	16,6
D	127	16,6

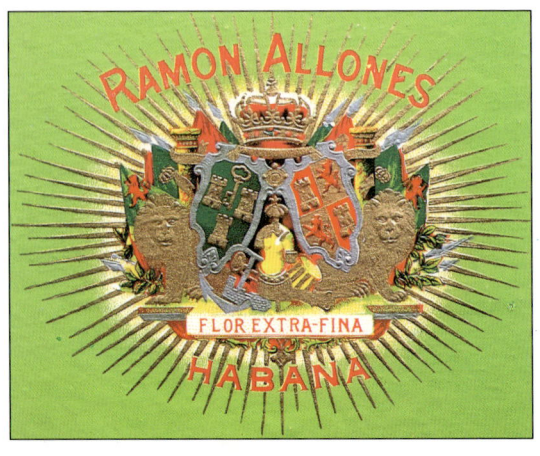

RAMON ALLONES

Small Club Coronas : Longueur 109 mm, Diamètre 16,6 mm

Gigantes : Longueur 190 mm, Diamètre 19,4 mm

Specially Selected : Longueur 122 mm, Diamètre 19,8 mm

- Cuba
- Très corsé
- Le nec plus ultra

- République Dominicaine
- Léger à moyennement corsé
- Bonne construction

Romeo y Julieta

Romeo y Julieta, l'une des meilleures marques de havanes, n'offre pas moins de quarante modules différents, souvent vendus en tubes d'aluminium. Il existe aussi de nombreux modèles faits à la machine. Une gamme aussi étendue ne saurait être parfaite, mais certains modèles sont parmi les meilleurs de leur catégorie.

La marque doit son succès aux efforts de « Pepin » Rodriguez Fernandez. Directeur de l'usine Cabanas, il démissionna en 1903 lorsqu'elle fut rachetée par American Tobacco et racheta une usine méconnue du nom de Romeo y Julieta qui, depuis 1875, produisait pour le marché cubain. Il accorda trente pour cent des bénéfices à ses cadres pour les stimuler et s'en alla parcourir le monde afin de promouvoir son entreprise. En moins de deux ans, Romeo y Julieta s'était emparé de la tête du marché ; Fernandez dut déménager ses mille quatre cents ouvriers vers une usine plus vaste, où la production s'effectue encore.

Il se mit à produire des bagues personnalisées pour les chefs d'État et autres têtes couronnées (on en fabriqua jusqu'à vingt mille différentes). Pepin demeura d'une fidélité irréprochable à sa maison, allant jusqu'à baptiser son cheval de course Julieta et essayer de racheter la maison Capulet à Vérone, où Shakespeare a situé l'action de sa pièce. Il n'y parvint pas mais réussit à installer un étal au pied du célèbre balcon, de sorte que, jusqu'en 1939, chaque visiteur se voyait offrir un cigare. Il mourut en 1954.

Les célèbres Churchill se vendent en tubes. Ce sont des cigares de très bonne construction, à l'excellent arôme, mais les modèles en tubes sont parfois un peu plus secs et moins bien vieillis. Les Churchill, reconnaissables à leur bague dorée (les autres bagues sont rouges, à l'exception de la série des De Luxe), sont de grands classiques moyennement corsés à corsés. Le Corona est très bien

construit mais d'une saveur un peu faible. Le Cedros de Luxe N° 1 (Lonsdale) est un cigare sombre, soyeux et corsé, même si les amateurs de ce module regrettent parfois qu'il ne le soit pas plus. La richesse de l'Exhibicion N° 4 *(robusto),* très apprécié des connaisseurs, s'accorde bien avec la fin d'un repas du soir. Le Cedros de Luxe N° 2 est un très bon Corona plein de personnalité. Le Petit Julieta compte parmi les plus savoureux des cigares de sa taille.

Il y a très peu de différence entre les différents Churchill, mais certains affirment que le Prince of Wales est plus léger que les deux autres. Pour les N° 1, N° 2 et N° 3, vérifiez la présence de la mention *De Luxe,* faute de quoi vous achèteriez un cigare fait à la machine, beaucoup moins bon. En Grande-Bretagne, tous les modèles en tubes sont faits à la main, donc il n'y a pas d'hésita-

MODÈLES CUBAINS

Nom	Longueur (en mm)	Diamètre (en mm)
Churchill	178	18,6
Prince of Wales	178	18,6
Shakespeare	174	11,1
Cedros de Luxe N° 1	165	16,6
Corona Grande	152	16,6
Belicosos	139	20,6
Exhibicion N° 3	139	17
Cedros de Luxe N° 2	139	16,6
Corona	139	16,6
Exhibicion N° 4	127	19
Cedros de Luxe N° 3	127	16,6
Petit Corona	127	16,6
Très Petit Corona	114	15,9
Petit Julietas	101	11,9

tion à avoir si vous vous rendez outre-Manche. Le Cazadores (165 mm de long, diamètre 17,5), bien que fait à la main, est l'un des moins chers du marché, pour la bonne raison qu'il est fait des chutes des autres cigares. Il est donc de qualité inférieure.

Il existe aussi des Romeo Y Julieta honduriens et dominicains. Les honduriens, roulés dans des capes issues de graines cubaines, sont les plus corsés et les dominicains, aux capes camerounaises, sont plus légers. Tous sont bons et de bonne construction, les premiers se rapprochant du goût havane classique. Comme pour les Romeo Y Julieta cubains, nous ne décrivons ici que certains modules. Le Sublime hondurien est particulièrement réussi.

MODÈLES

Nom	Longueur (en mm)	Diamètre (en mm)
Monarcas	203	20,6
Churchill	178	19,8
President	178	17
Delgados	177	12,7
Cetros	165	17,4
Romeos	152	18,3
Palmas	154	17
Brevas	149	15,1
Coronas	139	16,6
Panetelas	133	13,9
Rothschild	127	19,8
Chiquitas	108	12,7

- République Dominicaine
- Léger à moyennement corsé
- Qualité supérieure

- Honduras
- Moyennement corsé à corsé
- Qualité supérieure

MODÈLES « VINTAGE »

Nom	Longueur (en mm)	Diamètre (en mm)
Vintage V	190	19,8
Vintage VI	177	23,8
Vintage IV	177	19,1
Vintage II	152	18,3
Vintage I	152	17,1
Vintage III	114	19,8

ROMEO Y JULIETA

President : Longueur 178 mm, Diamètre 17 mm

Monarcas : Longueur 203 mm, Diamètre 20,6 mm

Churchill : Longueur 178 mm, Diamètre 19,8 mm

Romeo Y Julieta

Churchill : Longueur 178 mm, Diamètre 18,6 mm

Belicosos : Longueur 139 mm, Diamètre 20,6 mm

Exhibicion N° 4 : Longueur 127 mm, Diamètre 19 mm

- **O** Cuba
- **G** Léger à moyennement corsé
- **Q** Le nec plus ultra

ROYAL JAMAICA

A LA SUITE d'un ouragan qui, en 1988, détruisit usines et récoltes, cette marque a émigré de la Jamaïque vers la République Dominicaine. La gamme, étendue, comprend d'excellents cigares légers, la plupart roulés dans des capes camerounaises ; les Maduro, plus corsés, utilisent des capes brésiliennes.

MODÈLES

Nom	Longueur (en mm)	Diamètre (en mm)
Ten Downing Street	266	20,2
Goliath	228	25,4
Individuals	216	20,6
Churchill	203	20,2
Giant Corona	190	19,4
Double Corona	178	17,8
Doubloon	178	11,9
Navarro	171	13,5
Corona Grande	165	15,9
N° 2 Tube	165	13,5
Rapier	165	11,1
Park Lane	152	18,6
Tube N° 1	165	16,6
Director N° 1	152	17,8
New York Plaza	152	15,9
Royal Corona	152	15,9
Corona	139	15,9
Buccaneer	139	11,9
Gaucho	134	13,1
Petit Corona	127	15,9
Robusto	114	19,4
Pirate	114	11,9

MODÈLES MADURO

Nom	Longueur (en mm)	Diamètre (en mm)
Churchill	203	20,2
Corona Grande	165	15,9
Corona	139	15,9
Buccaneer	139	11,9

Royal Jamaica

Double Corona : Longueur 178 mm, Diamètre 17,8 mm

Pirate : Longueur 114 mm, Diamètre 11,9 mm

Park Lane : Longueur 152 mm, Diamètre 18,6 mm

- République Dominicaine
- Léger
- Qualité supérieure

Saint Luis Rey

Ce sont les importateurs britanniques Michael de Keyser et Nathan Silverstone qui, voici une cinquantaine d'années, lancèrent cette marque de havanes qui doit son nom au film *Le Pont de San Luis Rey*, avec Akim Tamiroff et Alla Nazimova.

Cette maison se spécialise dans les gros calibres moyennement corsés à corsés. Fabriqués à l'usine Romeo Y Julieta, ils ressemblent assez aux Romeo. Frank Sinatra et James Coburn sont de grands amateurs de leur production (le premier ayant une prédilection pour les Lonsdale). Limitée à soixante mille pièces par an, la production est de très haute qualité.

Vendus dans des boîtes blanches porteuses d'une étiquette rouge, il ne faut pas les confondre avec les *San* Luis Rey, havanes destinés au marché allemand. Il existe aussi des San Luis Rey fabriqués à la machine en Allemagne à l'aide de feuilles cubaines. L'étiquette des San Luis Rey est noire et porte un motif presque identique.

Ces cigares sont parmi les meilleurs havanes disponibles. Les capes sont sombres à très sombres, de belle chair, et leur saveur, bien que corsée, est très raffinée. L'arôme des meilleurs modèles est tout simplement magnifique. Nous recommandons le Regios *(robusto)* et le Churchill, plus léger. À qualité égale, les Saint Luis Rey sont un peu moins chers que la plupart des autres havanes. La gamme n'est pas très étendue.

MODÈLES

Nom	Longueur (en mm)	Diamètre (en mm)
Churchill	178	18,6
Lonsdale	165	16,6
Série A	143	18,2
Corona	143	16,6
Regios	127	19
Petit Corona	127	16,6

Saint Luis Rey

Churchill : Longueur 178 mm, Diamètre 18,6 mm

Regios : Longueur 127 mm, Diamètre 19 mm

Corona : Longueur 143 mm, Diamètre 16,6 mm

- Cuba
- Très corsé
- Qualité supérieure

Sancho Panza

Non Plus : Longueur 130 mm, Diamètre 16,7 mm

Voici une marque de havanes peu connue mais fiable et de bonne qualité, même si ces cigares sont un peu trop légers et faibles en goût pour les vrais connaisseurs. Leur saveur subtile convient à certains, qui apprécient par exemple la saveur parfois un peu salée du Molino (Lonsdale). Leur construction laisse parfois un peu à désirer et ils ne brûlent pas toujours très bien, mais le Corona Gigante est de très bonne construction. Même les Belicosos, en forme d'obus, sont légers pour ce type de cigares (peut-être même les plus légers de cette catégorie). Il en va de même pour les Sanchos de la même vitole que les Montecristo A. La gamme est peu étendue. Ce sont de bons cigares pour débutants ou pour la journée. Très appréciée en Espagne, la marque n'est pas toujours facile à trouver ailleurs.

MODÈLES

Nom	Longueur (en mm)	Diamètre (en mm)
Sanchos	235	18,6
Corona Gigante	178	18,6
Molino	165	16,6
Panetela Largo	165	11,1
Corona	143	16,6
Belicosos	139	20,6
Non Plus	130	16,7
Bachilleres	117	15,9

- Cuba
- Léger
- Qualité supérieure

Santa Clara

$\mathcal{L}$ES SANTA CLARA, fabriqués à San Andres avec des capes de cette même région, comptent parmi les meilleurs cigares mexicains. Fondée en 1830, cette marque, de bonne construction, est moyennement corsée. La plupart des modèles sont disponibles en capes brun clair ou sombre.

MODÈLES

Nom	Longueur (en mm)	Diamètre (en mm)
N° I	178	20,2
Premier Tubes	172	15
N° III	165	19
N° II	168	17
N° VI	154	20,2
N° V	152	17,4
N° VII	143	9,9
N° IV	127	17,4
Robusto	114	19,8
Quino	108	11,9

- ⊙ Mexique
- ⊙ Moyennement corsé
- ⊙ Bonne construction

N° IV : Longueur 127 mm, Diamètre 17,4 mm

Santa Damiana

Santa Damiana fut jadis une célèbre plantation cubaine. C'est aujourd'hui une marque assez récente de cigares de haute qualité élaborés à La Romana, sur la côte sud-est de la République Dominicaine.

L'usine de La Romana, près de la luxueuse station balnéaire de Casa del Campo, est une des manufactures les plus modernes du monde. Des techniques de contrôle de qualité modernes y font bon ménage avec les méthodes de roulage traditionnelles. Les capes sont des Connecticut poussées à l'ombre, les sous-capes sont mexicaines et la tripe est un mélange de tabacs dominicains et mexicains dans lequel entre du Piloto issu de graines cubaines. Le résultat est un cigare bien fait, délicat mais aromatique et légèrement épicé.

Seleccion N° 300 : Longueur 143 mm, Diamètre 18,2 mm

MODÈLES

Nom	Longueur (en mm)	Diamètre (en mm)
Seleccion N° 800	177	19,8
Seleccion N° 100 Churchill	171	19
Seleccion N° 700	165	16,7
Seleccion N° 300	143	18,2
Corona	158	16,7
Seleccion N° 500	127	19,8
Petit Corona	127	16,7
Tubulares N° 400	127	16,7
Panetela	114	14,3

HAND MADE — Santa Damiana — DOMINICAN REPUBLIC

- ◉ République Dominicaine
- ◉ Léger à moyennement corsé
- ◉ Qualité supérieure

SOSA

*F*ONDÉE au début des années soixante par Juan B. Sosa, cette marque se déplaça en République Dominicaine dans les années soixante-dix. La nouvelle usine d'Arturo Fuente commence à prendre la production en charge. Les capes, équatoriennes, peuvent être sombres, naturelles ou *maduro* ; elles se marient parfaitement à une tripe dominicaine et des sous-capes honduriennes pour offrir un arôme spécifique, de moyennement corsé à bien corsé.

MODÈLES

Nom	Longueur (en mm)	Diamètre (en mm)
Magnum	190	20,6
Piramides #2	177	19,1
Churchill	177	19,1
Lonsdale	165	17,1
Governor	152	19,8
Brevas	158	17,1
Wavell	120	19,8

- ◻ République Dominicaine
- ◻ Moyennement corsé à corsé
- ◻ Laisse à désirer

Churchill : Longueur 177 mm, Diamètre 19,1 mm

SUERDIECK

$\mathcal{V}$OICI l'une des marques brésiliennes les plus réputées, connue pour sa saveur moyennement corsée. Elle produit surtout de petits diamètres. Ils ne sont pas très bien faits, leurs capes brésiliennes laissent à désirer. Ce ne sont pas des cigares de connaisseurs, mais leur saveur peut plaire.

MODÈLES

Nom	Longueur (en mm)	Diamètre (en mm)
Fiesta	152	11,9
Valencia	152	11,9
Caballero	152	11,9
Brasilia	133	11,9
Mandarim Pai	127	15,1

Brasilia : Longueur 133 mm, Diamètre 11,9 mm

- ⊙ Brésil
- ⊙ Léger à moyennement corsé
- ⊙ Laisse à désirer

Temple Hall

*F*ONDÉE en 1876, cette marque fut récemment relancée par General Cigar. La propriété de Temple Hall se trouve à la Jamaïque, et ses cigares sont des Macanudo plus corsés. Comme pour les Macanudo, les capes sont des Connecticut et la tripe est un mélange de tabacs jamaïcains, dominicains et mexicains. Les sous-capes viennent de la région de San Andres, au Mexique.

Ce sont des cigares très bien faits, subtils, au plus haut niveau de leur catégorie. Temple Hall fait aussi des cigares pour Dunhill, un peu plus légers, d'un mélange différent. Le 450 est le seul qui ait une cape mexicaine *maduro*. La gamme comprend sept modèles.

MODÈLES

Nom	Longueur (en mm)	Diamètre (en mm)
700	178	19,4
685	175	13,5
675	171	17,8
625	159	16,6
550	139	19,8
500	127	12,3
450	114	19,4

Temple Hall

450 : Longueur 114 mm, Diamètre 19,4 mm

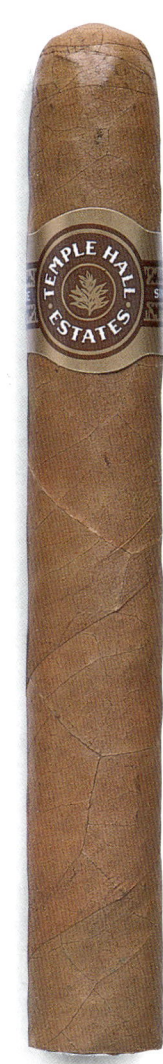

550 : Longueur 139 mm, Diamètre 19,8 mm

700 : Longueur 178 mm, Diamètre 19,4 mm

- **O** Jamaïque
- **G** Léger à moyennement corsé
- **Q** Qualité supérieure

TRESADO

Cette marque dominicaine, relativement récente, est importée par Consolidated Cigar Corporation. Bonne construction et produits moyennement corsés.

MODÈLES

Nom	Longueur (en mm)	Diamètre (en mm)
N° 100	216	20,6
N° 200	178	19
N° 400	168	17,4
N° 300	152	18,2
N° 500	143	16,6

- République Dominicaine
- Léger à moyennement corsé
- Bonne construction

N° 200 : Longueur 178 mm, Diamètre 19 mm

TRINIDAD

*E*NCORE absent du marché, ce cigare n'a été goûté que par quelques très rares privilégiés parmi lesquels on compte les 164 invités du « Dîner du Siècle » que Marvin Shanken donna à Paris en 1994. Il n'existe qu'un seul module de Trinidad : un Laguito N° 1, qui fut servi au début de la soirée, au regret de nombreux invités pour qui son riche arôme (avec une note de terre) aurait mieux convenu à la fin du repas.

Les origines de ce cigare sont nimbées de mystère. On a dit que l'initiative en revenait à Castro, qui ne fume plus mais qui entendait en faire un cadeau rare pour remplacer le Cohiba lorsque ce dernier fut commercialisé. Lors d'une interview accordée en 1994 au Cigar Aficionado, Castro, qui continue à offrir des Cohiba, nia cependant avoir même connaissance de son existence.

Pour l'instant, la clef du mystère n'est connue que de quelques membres du gouvernement cubain.

- Cuba
- Moyennement corsé à corsé
- Le nec plus ultra

Trinidad : Longueur 190 mm, Diamètre 15,1 mm

ZINO

Zino Davidoff lança cette marque pour le marché américain alors qu'il faisait encore fabriquer ses cigares à Cuba. La série des Mouton-Cadet, légère mais aromatique, est faite au Honduras, de même que la majorité de cette gamme moyennement corsée, reconnaissable à sa bague dorée. La série des Connoisseurs, également roulée au Honduras, fut lancée en 1987 à l'occasion de l'ouverture de la boutique Davidoff sur Madison Avenue. Riches et corsés, ce sont des cigares d'excellente construction. Parmi ces derniers, il faut citer l'énorme Veritas (diamètre de 19,8 mm et longueur de 17,8 cm).

MODÈLES

Nom	Longueur (en mm)	Diamètre (en mm)
Connoisseur 100	197	19,8
Connoisseur 200	190	18,2
Veritas	178	19,8
Zino Tubos N° 1	171	13,5
Elegance	171	13,5
Junior	165	11,9
Tradition	159	17,4
Connoisseur 300	146	18,2
Diamond	139	15,9
Princesse	114	7,9

SÉRIE MOUTON-CADET

Nom	Longueur (en mm)	Diamètre (en mm)
N° 1	165	17,4
N° 2	152	13,9
N° 3	146	14,3
N° 4	130	11,9
N° 5	127	17,5
N° 6	127	19,8

ZINO

Veritas : Longueur 178 mm, Diamètre 19,8 mm

Connoisseur 100 : Longueur 197 mm, Diamètre 19,8 mm

Mouton-Cadet N° 6 : Longueur 127 mm, Diamètre 19,8 mm

- Honduras
- Léger à moyennement corsé
- Bonne qualité

LA PUISSANCE DES CIGARES

Cuba se distingue des autres pays de fabrication en ce que n'entrent dans la composition d'un havane que des tabacs du pays. Ils sont en général de moyennement corsés à très corsés, mais l'étonnante diversité des feuilles cubaines fait que certaines marques offrent quelques cigares extrêmement légers.

Les cigares fabriqués hors de Cuba (République dominicaine et Honduras, par exemple) font souvent entrer dans leur mélange des tabacs d'origines diverses, si bien qu'il n'est pas de règle sûre et simple pour prévoir la force d'un cigare à partir de son origine. On peut en général faire les remarques suivantes : l'association capes Connecticut shade et tripe dominicaine tendra vers la légèreté ; les capes *maduro* donneront un goût légèrement sucré ; une tripe hondurienne ou nicaraguayenne apporte une note épicée.

Voici une liste de marques classées par puissance et par pays.

Pays d'origine

C Cuba
D République Dominicaine
IC Îles Canaries
J Jamaïque
H Honduras
M Mexique
N Nicaragua

Légers

Ashton D
Casa Blanca D
Cuesta-Rey D
Macanudo J
Pleiades D
Rafael Gonzalez C
Royal Jamaica D
H. Upmann C

Légers à moyennement corsés

Arturo Fuente D
Avo D
Bauza D
Canaria D'Oro D
Davidoff D
Don Diego D
Griffin's D
La Invicta H
Joyo de Nicaragua N
Primo Del Rey D
Punch C
Rey del Mundo C
Romeo Y Julieta C
Santa Damiana D
Te-Amo M
Temple Hall J

Moyennement corsés à corsés

Aliados H
V Centennial H
Cohiba C
Don Ramos H
Dunhill D
Excalibur H
Henry Clay D
Mocha H
Montecristo C
Montecruz D
Paul Garmirian D
Por Larranaga C

Corsés

Bolivar C
Partagas C
Ramon Allones C
Saint Luis Rey C

3

ACHAT ET CONSERVATION

DES

CIGARES

L'Achat des Cigares

*A*u moment d'acheter une boîte de cigares faits à la main, demandez à l'ouvrir pour en vérifier le contenu, surtout si ce sont des havanes. Un bon commerçant ne saurait refuser. S'il le fait, soit il ne connaît pas son métier, soit il y a quelque chose de louche au sujet de ces cigares. Le premier contrôle est purement visuel : les cigares doivent avoir belle allure. Assurez-vous qu'ils sont tous de la même couleur et classés du plus sombre, à gauche, au plus clair, à droite. S'ils présentent trop de disparité de couleur, il y a des chances qu'il en ira de même avec leur goût : il est possible que la boîte ait échappé au contrôle de qualité. Si tel est le cas et que la boîte est déjà ouverte, il est probable que quelqu'un (la douane, le commerçant…) a déjà mis ses mains dedans. Les capes devraient toutes être roulées dans le même sens. N'hésitez pas à les sentir pour vous assurer de leur bouquet, cela fait partie de ce que vous achetez. S'ils sentent bon, ils seront certainement bons. Sentez aussi l'extrémité ou bien retirez un cigare de sa boîte et sentez l'emplacement ainsi laissé vide : vous aurez alors le meilleur du bouquet.

Palpez aussi un ou deux cigares. Ils doivent suivre la pression de vos doigts puis reprendre leur forme avec souplesse. Ils doivent être soyeux. S'ils craquent, ils sont trop vieux ou trop secs. S'ils ne retrouvent pas leur forme, ils sont mal faits. S'ils sont trop mous ou pas assez souples, ils ont été mal conservés et ils tireront mal.

Intérieur de la boutique londonienne de Davidoff, dans Jermyn Street.

Page précédente : **David Berkebile, propriétaire de Georgetown Tobacco, à Washington, D.C.**

Un cigare de moins de trois mois doit reprendre sa forme initiale même si vos deux doigts le pressent à se toucher.

Si vous le pouvez, achetez vos cigares en grande quantité plutôt qu'en boîtes de cinq. Il est d'ailleurs plus facile de vérifier le contenu d'une vraie boîte que celui d'un paquet scellé sous cellophane. Certains gros détaillants vendent des cigares dans leurs propres boîtes, ce qui ne revient qu'à vous faire payer plus cher un emballage luxueux : si vous avez des boîtes vides chez vous, achetez vos cigares en vrac et mettez-les dedans. Il en va de même pour les boîtes vernies : si vous le pouvez, achetez des boîtes de cèdre ordinaires, à moins de vouloir faire un cadeau. Si vous ne disposez pas de moyens de conservation, n'achetez que ce que vous pourrez fumer dans un délai d'un à deux mois.

Les cigares vendus en tubes d'aluminium doublés de cèdre (inventés par H. Upmann) sont certes pratiques d'emploi, mais ils risquent d'être un peu secs par défaut d'étanchéité. Ils peuvent perdre de leur bouquet et vieillir moins bien que ceux conservés en boîtes, ce qui est particulièrement vrai des petits modules (quoi que puisse prétendre le fabricant). Il est bien sûr possible de trouver d'excellents cigares en tubes. Sur le tube des Churchill de Romeo Y Julieta, on peut ainsi lire : « Le tube d'aluminium protégera la saveur de ce havane de qualité jusqu'à son ouverture. » Tout le monde n'est pas d'accord avec cette assertion.

Les cigares emballés sous cellophane peuvent être d'une qualité égale à ceux conditionnés en boîtes (sauf s'ils sont faits à la machine). Ils se conservent bien mais vieillissent peu. Il arrive que leur cape absorbe l'huile contenue dans le mélange et devienne ainsi plus sombre, ce qui ne devrait pas affecter leur qualité, surtout s'ils ont été bien humidifiés. À l'exception de certains Cohiba, il est rare de trouver des havanes emballés sous cellophane.

Certains cigares (dont les Cristales de H. Upmann) se vendent en bocaux de verre hermétiquement scellés. Il s'agit en principe de cigares « frais », qui doivent conserver leur goût de sortie d'usine.

On dit souvent que Londres est le meilleur endroit d'Europe pour acquérir des cigares faits à la main, et en particulier des havanes. La succursale londonienne de Davidoff vend quelque quatre cent mille cigares par an en deux cent vingt modèles différents. Mais les barrières douanières britanniques sont élevées, de même que les taxes pesant sur le tabac. Paris et Genève (le siège de

Achat et Conservation des Cigares

La boutique new-yorkaise de Davidoff.

Achat et Conservation des Cigares

La boutique londonienne de Dunhill est un lieu historique.

Davidoff) sont aussi de bons endroits. Dans les bonnes boutiques européennes, vous risquez peu de trouver des marques non cubaines utilisant des appellations cubaines, ce qui vous simplifiera la tâche. L'Espagne a beau être le plus gros importateur de cigares d'Europe (trente millions de havanes par an y partent en fumée, contre cinq millions en Grande-Bretagne), la qualité y laisse souvent à désirer, même si les prix sont plus bas qu'ailleurs. Il est de coutume de fumer le cigare à la corrida. On trouve à Londres un bon choix de cigares faits à la main en dehors de Cuba.

Méfiez-vous des bonnes affaires : il s'agit souvent de cigares faits à la machine qui portent des étiquettes célèbres. Inspectez scrupuleusement la boîte. Il en va de même dans les aéroports, où les prix détaxés peuvent sembler attrayants ; il est rare que les cigares y soient correctement conservés, et ils sont souvent trop vieux pour être vraiment bons. Prudence aussi avec les petits buralistes : leurs cigares ont toutes les chances d'être vieux et mal conservés.

La Conservation des Cigares

Comme tout produit naturel, les cigares exigent un soin particulier. Il faut les protéger des températures extrêmes et les conserver dans un lieu humidifié. L'idéal se situe entre 18 et 21 °C et 70 à 73 % d'humidité, ce qui n'est pas toujours facile à obtenir, surtout en air conditionné ou avec un chauffage central. Vous devez au moins les conserver dans un récipient hermétique à l'écart de toute source de chaleur, de préférence dans l'endroit le plus frais de la maison. Leurs boîtes de cèdre d'origine contribuent à leur bonne conservation. Vous pouvez aussi mettre une éponge humide dans votre placard. Glissez les boîtes dans des sacs en plastique préalablement humidifiés. Une éponge humide ou un verre d'eau dans le sac, pas trop près des cigares, contribuera à leur humidification, pourvu que le sac et la boîte ne soient pas hermétiquement fermés.

Certains experts conseillent de stocker les cigares à l'intérieur d'un sac hermétique dans le compartiment à légumes du réfrigérateur, auquel cas il faut les sortir au moins une demi-heure avant de les fumer pour les chambrer. Cette méthode est souvent critiquée et demande de grandes précautions : il est indispensable que le sac, bien hermétique, ait été préalablement vidé de son air. On peut aussi, chez certains détaillants, se procurer de petits humidificateurs à placer dans la boîte après en avoir retiré une ou deux pièces. L'éponge ou la craie qu'ils contiennent contribuent à l'humidification, mais il faut régulièrement vérifier qu'ils ne se sont pas asséchés. Il existe aussi des tubes de métal remplissant la même fonction.

De nombreux importateurs et revendeurs utilisent des sacs en plastique fermés par une glissière, très pratiques en voyage. Placez-les dans la boîte et mettez-y une éponge humide. Dans les régions chaudes, on peut aussi voir apparaître des parasites dont les larves éclosent avec la chaleur. Il faut toujours tenir ses cigares à l'abri de la lumière solaire ou des vents marins. Si vous les entreposez à basse température, il faut augmenter l'humidité pour compenser.

Les humidificateurs sont généralement faits de noyer, d'acajou ou de bois de rose, mais il existe aussi des modèles en plexiglas. Ils coûtent assez cher et on en trouve toutes sortes de modèles. Ils ne seront réellement utiles que pour un fumeur régulier. Le couvercle doit être lourd et fermer hermétiquement. Ils doivent contenir un hygromètre pour contrôler le taux d'humidité. L'intérieur ne doit pas être verni. N'oubliez pas qu'ils n'agissent pas sur la température, de sorte qu'il faut leur trouver un emplacement adéquat. La présence de plateaux peut s'avérer utile pour séparer les différents modèles et pouvoir les retourner de temps à autre. Les prix vont de 1 700 francs à 17 000 francs, mais les plus chers ne doivent leur prix qu'à leur luxe. Certains modèles en plexiglas sont un peu moins chers, mais efficaces tout de même. Choisissez le vôtre avec soin, car certains ne fonctionnent pas bien ou nécessitent une surveillance constante.

Il existe aussi de petits modèles en bois ou en cuir pour le voyage. Certaines marques, telles que Davidoff, vendent des attachés-cases pourvus de compartiments pour cigares ou même d'humidificateurs intégrés.

Il existe de nombreux modèles d'étuis à cigares. Les meilleurs sont en cuir et les plus pratiques, rigides, sont télescopiques pour s'adapter aux différentes tailles. Certains comportent en outre un dispositif d'humidification.

Le marché offre aussi des tubes plaqués or ou bien argentés, des briquets de luxe et des boîtes d'allumettes en argent.

Le choix des humidificateurs est immense.

La Réhumidification d'un Cigare Desséché

Un cigare trop sec sera difficile à réhumidifier, mais cela est néanmoins possible. Le plus facile est de placer la boîte ouverte dans un sac en plastique partiellement refermé, avec une éponge humide ou un verre d'eau. Retournez les cigares tous les deux ou trois jours en inversant les couches supérieure et inférieure. Au bout de trois semaines, vos cigares devraient à nouveau être fumables. Vous procéderez par tâtonnements, ce qui demande beaucoup d'attention. Ils auront de toute manière perdu beaucoup de leur bouquet et de leur qualité. Les cigares perdent leur humidité lentement et doivent donc la retrouver lentement aussi. Armez-vous de patience : la hâte ne pourrait que les gâter définitivement.

Après un voyage, il est possible de rendre vie à vos cigares en retournant votre boîte sous un robinet réglé sur un faible débit. Le fond de la boîte doit ainsi s'humidifier, mais sans plus. Vous pouvez aussi le frotter avec une éponge humide. Éliminez les excès d'eau puis placez la boîte dans un sac étanche. Au bout de deux à trois jours, tout devrait être rentré dans l'ordre.

Certains gros détaillants pourront aussi accepter de prendre quelque temps en pension les cigares de leurs bons clients dans leur pièce humidifiée. L'opération dure environ un mois. Edward Sahakian, de la boutique londonienne de Davidoff, accepte même de le faire gratuitement pour d'autres que ses clients réguliers. « Cela me procure suffisamment de plaisir comme cela », dit-il.

Les meilleures boutiques peuvent aussi garder les cigares de leurs habitués.

On peut limiter le dessèchement en plaçant les cigares dans un sac en plastique partiellement fermé.

Les Collections de Cigares

Le seul véritable marché de cigares de collection est celui des havanes d'avant la révolution – ils sont de trente à cinquante pour cent plus chers que les cigares habituels. Londres est certainement le meilleur endroit pour le collectionneur, car les boutiques y ont coutume de se constituer de gros stocks. Ces cigares n'arrivent sur le marché que lorsque leur propriétaire comprend qu'il n'a plus aucune chance de les vendre normalement. Les Américains sont très présents sur ce marché, en particulier à cause de l'embargo commercial qui frappe Cuba depuis 1962. Les boîtes scellées et les modules anciens sont les plus recherchés.

On reconnaît les boîtes antérieures à la révolution au tampon porté dessous en anglais : « Made in Havana, Cuba », contrairement au tampon post-révolutionnaire, rédigé en espagnol.

On peut se demander s'il est vraiment intéressant d'acheter de tels cigares. Comme pour les très vieux vins, c'est souvent une question de chance. S'ils ont été bien conservés et ne sont pas antérieurs aux années cinquante, ils peuvent s'avérer excellents. Cependant, quel que soit le soin apporté à leur conservation, il est possible qu'ils ne soient plus que l'ombre d'eux-mêmes et qu'ils aient perdu leur bouquet tout en acquérant un goût de vieux. Les *colorado, colorado maduro* et *maduro* sont en général les meilleurs. Il ne faudrait jamais garder des cigares plus de quinze ans, même dans les meilleures conditions : plus le temps passe et plus ils risquent de perdre de bouquet et de saveur.

Tampon visible sur les boîtes de havanes d'avant la révolution.

Où Acheter ses Cigares ?

ALLEMAGNE

MUNICH
Max Zechbauer
Residenzstrasse 10
Tél : 49 89 29 68 86

FRANCFORT
Davidoff
Theaterplatz 2
Tél : 49 69 23 57 71

AUSTRALIE

MELBOURNE
Benjamin Fine Tobacco
Myer House Arcade
250 Elizabeth Street
Tél : 3 663 6482

Daniels Fine Tobacco
Melbourne Central
300 Lonsdale Street
Tél : 3 663 6842

SYDNEY
Alfred Dunhill
74 Castlereagh Street
Tél : 2 231 5311

TOORAK, VICTORIA
J &D of Alexanders
Shop 7, Tok H Center
459 Toorak Road
Tél : 3 827 1477

CANADA

CALGARY
Cavendish & Moore's
Penny Lane Market

MONTRÉAL
Blatter & Blatter
365, President Kennedy
Tél : 514 845 2028

TORONTO
Havana House
87, Avenue Road
Tél : 416 907 7703

VICTORIA
Old Morris Tobacconist
1116, Government Street
Tél : 604 382 4811

WINDSOR
Havana House
473 Ouelette Avenue
Tél : 519 254 0017

WINNIPEG
Havana House
185, Carlton Street
Tél : 204 942 0203

VANCOUVER
R. J. Clark Tobacconist
N° 3 Alexander Street
Tél : 604 687 4136

ESPAGNE

BARCELONE
Gimeno
101 Paseo de Gracia
Tél : 34 3 217 92 71

MADRID
Gonzales de Linares
Paseo Habana N° 26
Tél : 34 1 262 22 82

SAINT-JACQUES
Calle Alcala N° 18
Tél : 34 1 241 37 16

ÉTATS-UNIS

KANSAS CITY
Fred Diebel Inc.
426 Ward Parkway
KS 64112

NEW HAVEN
The Owl Shop
268 College Street
CT 06510

NEW YORK
Davidoff of Geneva
535 Madison Avenue
Tél : 212 751 9060

De la Concha
Tobacconist
1390 Avenue of the
Americas
NY 10019

Nat Sherman Inc.
500 Fifth Avenue
Tél : 212 246 5500

PHILADELPHIE
Holt Cigar Co. Inc.
114 South 16th Street
PA 19102
Tél : 800 523 1641

PORTLAND
Rich's Cigar Store
801 Southwest Alder
Street
OR 97205

SAN ANTONIO
The Humidor Inc.
6900 San Pedro Avenue
111
TX 78216

SANTA MONICA
Tinderbox Santa Monica
2729 Wilshire Blvd.
CA 90403
Tél : 213 828 2313

SANTA ROSA
The Pipe Squire
346 Coddington Center
CA 95401

SELMA
J. R. Tobacco of America
Inc.
I-95 at Route 70
NC 27576
Tél : 800 572 4427 ou
201 882 0050

WASHINGTON
Georgetown Tobacco
3144 M North Street
Washington D. C.
Tél : 202 338 5100

FRANCE

PARIS
À la Civette
157, rue Saint-Honoré
Tél : 01 42 96 04 99

Les Quatre-Temps
La Défense
Centre commercial des
Quatre-Temps
Tél : 01 47 74 75 28

La Tabagie
10, rue du Départ
Tél : 01 45 38 65 18